España: ida y vuelta

España: ida y vuelta

Arturo A. Fox
Dickinson College

Harcourt Brace Jovanovich College Publishers
Fort Worth   Philadelphia   San Diego
New York   Orlando   Austin   San Antonio
Toronto   Montreal   London   Sydney   Tokyo

Cover and drawings by Dorothea von Elbe.
Cover design based on tiles in the Museo Arqueológico de Córdoba.

ISBN: 0-15-522868-4

Library of Congress Catalog Card Number: 80-82625

Printed in the United States of America

5 6 7 8 9 0   0 5 6   1 0 9 8 7 6 5

A mi padre

❧ Preface

I had an uncle who loved things French and always kept a map of Paris at hand. He never had the chance to use it, of course; in his day, only the well-to-do and a few poets dared to cross the Atlantic, and he was neither. Yet, whatever else Europe may be, it is the daydream product not only of those who made it to Paris and later wrote about it, but of those who, like my uncle, ached to go and never did. Together, they built an image of Europe in which imagination counts as much as stone. Without this image, Europe can become a mere shop window of Swiss lakes, Roman *trattorias*, and Gothic cathedrals. With it, we may still be able to rescue the phrase "a European adventure" from the travel agencies. A *croissant* can be either a tasty "crescent-shaped roll," as the translation goes, or a complex mixture of the marvelous sound of the word itself, the sights and smells of a Paris café, and a line in Hemingway's *A Moveable Feast*. And I believe that today's travelers can still have a choice between mere "crescent-shaped rolls" and true *croissants*.

España: ida y vuelta attempts a journey of the latter kind through that little-known corner of Europe that we call Spain. It is an introduction to the country and its culture, presented as a personal encounter with a way of life and, especially, with a people: from the Castilian student who comments on her prospects as a young career woman in post-Franco Spain to the Sevillian factory worker who expresses some of the frustrations of the country's working people; from don Paco, the *castizo*, conservative *hostal* owner to the young Spaniards in tight pants who hover over the beaches of Torremolinos in search of *extranjeras*. None of these characters, of course, is entirely fictional. On the other hand, although the text deals primarily with contemporary Spain, it does not underestimate the importance of the country's past, of the values and traditions of secular Spain as they have survived in the cultural profile of the nation.

The language of *España: ida y vuelta* is that of a standard intermediate reader. Words and expressions that may stand in the way of the students' quick comprehension of the text have been glossed in footnotes. Colloquialisms have been used very selectively and have been mostly confined to certain points in the dialogues where they can lend the speech a flavor of authenticity without creating any serious problem of comprehension.

The exercises follow a distinct pattern. First, the more traditional formats—such as questionnaires, true-or-false exercises, and word associations and substitutions—are used to focus the students' attention on key aspects of the contents and vocabulary of each chapter. These are followed by a second type of exercise—the *Ideas y creencias* and the *Proyectos de clase*—in which the students are encouraged to discuss and reflect upon the issues raised by the chapter in the context of their own cultural and personal experience. In doing so, they will often have to consider the existence of valid cultural contrasts and the "strangeness" of their own culture when viewed from a foreign perspective. Ethnocentrism and cultural stereotypes are frequent targets in these exercises.

Each chapter also includes a written composition exercise. In the author's experience, good results are seldom achieved in written compositions when the students are merely given some more or less abstract topics without further linguistic or thematic support. Therefore, these composition exercises are normally accompanied by precise suggestions about the specific points to be covered; and such suggestions usually come in the language of the material that has just been presented.

I am deeply indebted to the editorial staff of Harcourt Brace Jovanovich: to Albert I. Richards for his guidance and support at each and every step of the way, and to Roberta Astroff, William Dyckes, Dorothea von Elbe, and Nancy Kalal for their contributions in preparing the manuscript for publication. To my colleague Andrés Surís, a grateful acknowledgment of his conscientious skills as proofreader of the galleys.

Arturo A. Fox

❧ Contents

✺ Nota preliminar

(Desde una terraza en Torremolinos)

Dicen que a un profesor le preguntaron una vez: "¿Por qué se dedica usted a enseñar?"

—Por tres razones muy importantes —respondió él.

—¿Cuáles?

—Junio, julio y agosto.

Claro, esto es sólo un chiste[1], pues la mayoría de los profesores tenemos que usar los veranos para preparar los cursos del año siguiente, hacer investigaciones[2], escribir un artículo o un libro. Pero yo, por mi parte, podría agregar[3] una cuarta razón, llamada *sabbatical leave*: esa maravillosa institución que, cada seis o siete años, nos permite a los profesores pasar

[1] joke
[2] research

[3] add

un semestre o un año dedicados a estudiar y trabajar por nuestra cuenta[4], temporalmente liberados de las obligaciones normales de nuestra profesión.

Gracias a ese raro privilegio, mi esposa y yo pudimos abordar un avión[5] en Nueva York, el pasado agosto, con el propósito de pasar varios meses en España. El principal motivo de nuestro viaje: las investigaciones que yo me proponía[6] hacer sobre mi autor español favorito: Miguel de Unamuno. Pero, además de este objetivo académico, teníamos en mente otro propósito no menos importante. Mi esposa— Rositina— y yo somos hispanoamericanos, y esta prolongada visita a España significaba también para nosotros una oportunidad única para explorar y experimentar[7], de primera mano, la cultura de nuestros antepasados[8].

Ahora, nueve meses después, estamos ya a principios de mayo y nuestra visita a España se acerca a su fin. Hemos recorrido[9] esta tierra española, hemos conocido a su gente; yo he pasado muchas horas haciendo mis investigaciones en la Biblioteca Nacional de Madrid. Por fin, durante estas últimas semanas, hemos encontrado refugio y tranquilidad en el sur de España, en el clima cálido[10] y cosmopolita de la Costa del Sol. Tuvimos la suerte[11] de encontrar este pequeño apartamento, con una terraza soleada[12] desde la que podemos contemplar el azul del Mediterráneo.

De pronto[13], sentado aquí en nuestra terraza, ante mi pequeña máquina de escribir[14], he sentido la tentación de poner por escrito[15] mis impresiones de estos últimos meses, ahora que todavía están frescas en mi mente, y compartir[16] así con otros esta experiencia única que es España.

---

[4] *por...* on our own
[5] *abordar...* board a plane
[6] *me...* I intended
[7] (to) experience
[8] ancestors
[9] traveled through
[10] warm

[11] *Tuvimos...* We had the good fortune to
[12] sunny
[13] *De...* Suddenly
[14] *máquina...* typewriter
[15] *poner...* to put in writing
[16] to share

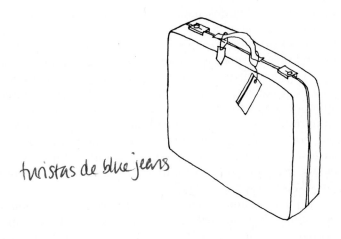

turistas de blue jeans

❧ I

Vía "Puerta del Sol"

Nuestro viaje a España empezó en París, esa ciudad que es,
para muchos hispanoamericanos, una segunda patria[1](1). Allí
tomamos, una tarde, el tren Puerta del Sol con destino a Madrid. Al subir al tren en la estación Austerlitz de París, intenté
hablarle al revisor en mi francés terrible.

—Su compartimiento está al final del coche. Bienvenidos —
me contestó él en español castizo[2]. ¡Y qué placer nos dio a
Rositina y a mí oír otra vez nuestra lengua castellana (2)!

El Puerta del Sol es un tren cómodo y rápido, pues hace el
viaje de París a Madrid en unas quince horas, sin necesidad
de cambiar de tren en la frontera; incluso[3] les sirven las

[1] fatherland
[2] pure
[3] even

el revisor - la persona que colecta los biletes en un tren

3

comidas a los pasajeros en sus propios compartimientos (las comidas están incluidas en el precio del pasaje). En nuestro compartimiento iba también una joven pareja[4] norteamericana; él tendría veintidós o veintitrés años; ella, no más de veinte o veintiuno, y pronto entramos en conversación. Nos contaron que los dos habían terminado sus estudios universitarios hacía unos meses, y se casaron poco después de graduarse. Sin embargo, en lugar de[5] buscar trabajo inmediatamente, decidieron pasar unos meses viajando por Europa.

—No crean ustedes que tenemos dinero —nos dijo la muchacha (traduzco sus palabras al español)—. Pero John y yo siempre habíamos soñado con[6] hacer un viaje como éste y comprendimos que ahora era el momento de intentarlo, ahora que no tenemos todavía un trabajo estable ni hijos ni muchos gastos[7] ni obligaciones. Nos dimos cuenta de que[8] si esperábamos más tiempo probablemente nunca podríamos convertir nuestro sueño en realidad.

—Lo que hicimos —agregó[9] él— fue vender casi todo lo que teníamos: los muebles[10] que habíamos comprado o que nos habían regalado[11] para la boda[12], nuestros automóviles... en fin, nos quedamos con[13] la ropa que traemos y poco más. Con el dinero que reunimos[14] y unos pocos ahorros[15] que teníamos, compramos los pasajes del avión, dos *Eurailpasses* y dos maletas. Los *Eurailpasses* nos permiten viajar en tren por Europa durante tres meses, y hemos descubierto que el tren también se puede utilizar como hotel; por eso casi siempre viajamos de noche.

—¿Y no se han arrepentido[16] hasta ahora de su decisión?

—Por supuesto que no[17] —contestó el joven—. Estos han sido los meses más felices de nuestras vidas. Sólo nos arrepentimos de una cosa: de no haber vendido el piano de Marge para, con el dinero, pasar unos días más en Europa.

---

[4] couple
[5] *en...* instead of
[6] *habíamos...* we had dreamed of
[7] expenses
[8] *Nos...* We realized that
[9] added
[10] furniture
[11] given as a gift
[12] wedding
[13] *nos...* we kept
[14] we raised
[15] savings
[16] regretted
[17] *Por...* Of course not

—De los lugares que han visitado, ¿cuál les ha gustado más? —les preguntó Rositina.

—Amsterdam, sin duda —respondió la muchacha—, sobre todo por sus cervecerías[18]. A John y a mí no nos gusta mucho la cerveza, pero sí el queso y los bocadillos[19] que les sirven a los turistas que visitan las cervecerías de Amsterdam. Durante los días que pasamos allí, íbamos a visitar una cervecería todas las mañanas y nunca tuvimos que gastar un centavo en almorzar. En la de *Heineken* estuvimos tres veces; sus bocadillos son magníficos.

John y Marge no son los primeros jóvenes aventureros que Rositina y yo nos hemos encontrado en Europa. Cuando llegamos a París, lo encontramos literalmente invadido por un ejército[20] de jóvenes de ambos sexos, casi todos estudiantes norteamericanos y de otros países que dedican sus vacaciones a viajar. Es un ejército peculiar: como los soldados[21] de todas las épocas, llevan mochilas a la espalda[22] y poco dinero en los bolsillos, pero en vez de armas llevan en la mano uno de esos libros que enseñan "cómo ver Europa por quince dólares al día", y visten *blue jeans* como parte de su uniforme.

Estos turistas de *blue jeans* son casi siempre expertos en viajar con poco dinero. En primer lugar, no viajan en vuelos regulares sino en vuelos de grupo o en vuelos económicos. Las líneas aéreas que utilizan tienen casi siempre nombres exóticos y misteriosos. Cuando llegan a Europa buscan habitaciones en hostales o pensiones que se especializan en alojar[23] estudiantes a precios razonables. En cuanto a[24] las comidas, sólo en unos pocos países—España entre ellos—es posible comer en los restaurantes por un precio módico[25], pero esto tampoco es un obstáculo insuperable: los estudiantes siempre consiguen[26] encontrar uno o dos platos de precio modesto en casi cualquier menú (aunque el camarero los mire con ojos malignos). Además, existen ahora por toda

---

[18] breweries
[19] sandwiches, snacks
[20] army
[21] soldiers
[22] *llevan...* they carry knapsacks on their backs

[23] to lodge
[24] *En...* As for
[25] reasonable
[26] they succeed in

alojar— dar un lugar para dormir y comer

el camarero— la persona que sirve comida a un restaurante

Europa cafeterías al estilo norteamericano donde se come más barato y donde el viajero que no puede vivir sin la comida norteamericana puede aliviar su nostalgia con una hamburguesa o un perro caliente. Una solución adicional la ofrecen las tiendas de víveres[27] locales. Es fácil ir a una de ellas y comprar los ingredientes esenciales de un almuerzo improvisado: queso, pan, una botella de vino o de refresco.

Pero los turistas de *blue jeans* no se distinguen solamente por el poco dinero con que viajan o por su apariencia física, sino también por otras características más importantes. Tienen, generalmente, una mentalidad más abierta que el turista tradicional, menos prejuicios para aceptar las diferencias culturales que encuentran en cada nación. Y como la mayoría son estudiantes de *colleges* o universidades, muchos de ellos poseen suficientes nociones sobre la historia, el arte y la literatura para apreciar mejor las cosas que ven en Europa.

John y Marge, por ejemplo, estaban muy interesados en visitar Santiago de Compostela.

—Yo fui especialista en historia en la universidad —nos explicó John—, y en uno de mis cursos escribí un informe[28] sobre las peregrinaciones[29] de la Edad Media[30] que recorrían "el camino de Santiago"(3). Es un tema que me ha fascinado desde entonces. ¿Se imaginan a toda esa gente caminando los 1.500 kilómetros que hay de París a Santiago? Así es que me propuse convencer a Marge para que hiciéramos nuestra propia peregrinación.

—Pero —intervino Marge rápidamente—, sólo los últimos cientos de kilómetros, desde Burgos, y en autobús.

—¿Y usted malcría[31] así a su marido[32], Marge? —le dijo Rositina, en tono irónico—. Le advierto[33] que hay que tomar ciertas precauciones al comienzo de un matrimonio.

Marge sonrió, mirando a John de reojo[34].

—Es que John no les ha contado toda la historia. ¿Quién creen ustedes le sugirió a él el tema de ese informe que escribió?

---

[27] *tiendas...* grocery stores
[28] term paper
[29] pilgrimages
[30] *Edad...* Middle Ages
[31] spoil
[32] husband
[33] I warn
[34] *mirando...* looking at John out of the corner of her eye

—¿También usted fue especialista en historia?

—No, en música —contestó Marge—. La verdad es que vamos a ir a Santiago, más que nada, para asistir a una serie de conciertos de música medieval que van a dar allí: música medieval en medio de la más auténtica arquitectura románica (4). Fantástico, ¿verdad?

Sin duda los viajeros que más se benefician son los que han estudiado la lengua y la cultura de los lugares que visitan. Esto incluye no sólo a los especialistas o *majors* en lenguas sino también a los alumnos que han estudiado lenguas por tres o cuatro semestres. Luego, al llegar al país en cuestión, se dan cuenta de la ventaja[35] que tienen sobre el turista promedio[36]: quizás no hablen la lengua del país con fluidez y su pronunciación no sea perfecta, pero pueden hacerse entender[37], pueden leer algunas de las noticias en los periódicos y revistas locales, y adquirir una idea de las actitudes y opiniones de la gente. Si tienen suficiente iniciativa, pueden, además, aprovecharse de[38] muchos más espectáculos culturales: películas[39], obras de teatro, conferencias, etcétera. Aparte de esto, encontrarán también un ambiente más acogedor[40], pues los ciudadanos de cualquier país aprecian siempre los esfuerzos de un extranjero que trata de comunicarse con ellos en la lengua local.

En la oscuridad, empezamos a ver las montañas de los Pirineos, que separan a Francia de España, y, después de la medianoche, llegamos a la frontera. Allí los guardias de frontera revisaron nuestros pasaportes y pronto vimos las luces[41] del primer pueblo español, Irún, en el noroeste del país. Nuestro tren avanzaba hacia el sur, por la región vasca[42], bajo una llovizna[43] característica del tiempo húmedo y frío del norte de España en otoño e invierno. Por fin, la mayoría de los pasajeros nos acostamos a dormir. En viajes largos muchos trenes europeos ofrecen la opción de una cama que llaman *couchette*, si uno paga una cantidad de dinero adicional; en

---

[35] advantage
[36] average
[37] *pueden...* can make themselves understood
[38] *aprovecharse...* take advantage of

[39] movies
[40] friendly
[41] lights
[42] *región...* Basque region
[43] drizzle

realidad, lo que hacen es convertir los asientos del tren en unas camitas bastante estrechas[44] y no muy blandas; pero, al menos, el viajero puede tenderse[45] un rato y descansar el cuerpo.

Cuando desperté, vi las primeras luces del amanecer[46]. El paisaje seco y pedregoso[47] que comenzaba a hacerse visible por las ventanillas del tren me indicó que ya estábamos en la meseta[48] de Castilla. Rositina, John y Marge también se habían despertado, y vi a John sonreír mientras miraba por la ventanilla.

—Después de viajar tres mil millas, miren adonde vinimos a parar: a Nuevo México.

John tenía razón. Esta tierra árida de Castilla, de una belleza peculiar, primitiva y majestuosa[49], recuerda[50] el paisaje del suroeste de los Estados Unidos. No por casualidad[51] varias compañías de cine extranjeras han filmado aquí películas del oeste norteamericano.

A eso de las nueve de la mañana empezamos a ver los primeros edificios de Madrid en la distancia. Como sucede con otras ciudades europeas, la vista de las afueras[52] de Madrid desilusiona un poco: demasiados edificios modernos y anuncios comerciales, casi como en una ciudad norteamericana. Pero sabíamos que detrás de ese Madrid moderno había otro, mucho más interesante, que nos esperaba. Al cabo[53], nuestro tren entró en la moderna estación Chamartín y, por fin, pisamos[54] suelo español.

El próximo paso era ir a la agencia de turismo que hay en la estación para conseguir alojamiento. Sabíamos bien que no podíamos costear[55] un hotel de cuatro o cinco estrellas, pero Rositina y yo siempre adoptamos una actitud muy positiva: nos decimos que un hostal de dos o tres estrellas es mucho más auténtico y "representativo del verdadero modo de vida[56] español". Traducido a un castellano más sencillo, esto quiere

---

[44] narrow
[45] lie down
[46] dawn
[47] rocky
[48] plateau
[49] majestic
[50] reminds one of

[51] *por...* by chance
[52] the outskirts
[53] *Al...* Finally
[54] we stepped on
[55] afford
[56] *modo...* way of life

decir que trataríamos de encontrar una habitación sin baño privado cuyo precio incluyera un "desayuno continental". "Desayuno continental", por supuesto, es una manera elegante de decir café con leche y pan con mantequilla.

—El Hostal Asunción tiene una habitación vacía con una cama doble —nos dijo la muchacha de la agencia.

—¿De cuántas estrellas es?

—De tres.

—¿Está en un lugar céntrico?

—Sí, en la calle San Bartolomé, muy cerca de la Avenida José Antonio, la calle principal de Madrid.

—Muy bien, nos quedamos con[57] la habitación.

Pronto nos hallamos rodando[58] hacia el centro de Madrid. Íbamos a gran velocidad, pues el chofer de nuestro taxi parecía tener mucha prisa[59]: protestaba ruidosamente cuando las luces de tránsito nos detenían, les gritaba[60] a los automóviles que marchaban más lentamente. Rositina, nerviosa, le preguntó por fin:

—¿Aquí en Madrid no hay límites de velocidad?

—No, señora, aquí no usamos eso.

✿ Notas

1. No es raro que nuestro profesor de español comenzara su viaje en París. La capital de Francia ha sido, tradicionalmente, la meca cultural de muchos hispanoamericanos.
2. *Castellano* y *español* son términos sinónimos para referirse a la misma lengua. Por eso, para la mayoría de las personas de habla española, la pregunta "¿Habla usted castellano, o español?" no tiene sentido.
3. Santiago de Compostela, ciudad situada en el extremo noroeste de España, fue, junto con Jerusalén y Roma, uno de los tres grandes centros de peregrinación del mundo cristiano durante la Edad Media. Los peregrinos de esa época

---

[57] *nos...* we'll take
[58] rolling

[59] *tener...* to be in a great hurry
[60] would shout

caminaban a Compostela para recibir el perdón por sus pecados (*sins*). Éste era el famoso "camino de Santiago". Según la leyenda, el cuerpo de Santiago (*Saint James*), uno de los discípulos de Cristo, fue traído a España después de su muerte y enterrado en un lugar de la región de Galicia. En el siglo IX fue descubierta en Compostela, Galicia, una tumba que, se creyó, contenía los restos (*remains*) del Apóstol. Por esto tenía tanta importancia como centro de peregrinación.

4. El arte románico (*Romanesque*) fue muy importante en Europa en los siglos XI y XII, sobre todo en arquitectura. *Románico* sugiere cierta semejanza con la arquitectura romana. Se usó especialmente en la construcción de iglesias y monasterios. Los edificios de este estilo eran generalmente de apariencia maciza (*massive*), con gruesas paredes, severa decoración religiosa y techos abovedados (*vaulted*) que simbolizaban la "Jerusalén celestial". Este estilo—que precedió al gótico—llegó a España principalmente a través del "camino de Santiago", en los edificios religiosos que se construían en las rutas de peregrinación. La Catedral de Santiago de Compostela es un magnífico ejemplo de este tipo de arquitectura.

✧ EJERCICIOS

I | Preguntas

1. ¿Por qué menciona el profesor la estación de Austerlitz?
2. ¿Es francés o español el revisor del tren? ¿Por qué lo sabe usted?
3. ¿Quiénes son John y Marge? ¿Qué hicieron ellos para poder viajar?
4. ¿Por qué John y Marge no tenían que gastar dinero para almorzar en Amsterdam?
5. ¿Quiénes son los turistas de *blue jeans*?
6. Mencione dos cosas que es posible hacer para viajar por Europa con poco dinero.

7. ¿Por qué muchos estudiantes pueden apreciar mejor que el turista común las cosas que ven en Europa?
8. Los alumnos que han estudiado lenguas tienen una gran ventaja cuando viajan. Mencione dos ejemplos.
9. ¿Por qué comparó John el paisaje de Castilla con el de Nuevo México?
10. ¿Qué características tienen los hostales de dos o tres estrellas?

II | Vocabulario

A. *Sinónimos*
Sustituya las palabras en itálicas por la forma apropiada de palabras sinónimas de la lista.

1. En Europa es posible comprar vino en una tienda de *comida*.
2. El turista *común* prefiere usar su lengua cuando viaja.
3. Los hostales de estudiantes tienen precios *razonables*
4. Ellos no pueden *pagar el precio de* un hotel caro.
5. Necesitamos encontrar un *lugar donde vivir*.
6. España fue *el país de origen* de Cervantes.
7. Me gusta *la atmósfera* de las ciudades europeas.
8. Mi amigo va a *terminar sus estudios* el año que viene.

extranjero
patria
tenderse
caro
ambiente
trabajo
majestuoso
acogedor
víveres
módico
alojamiento
graduarse
costear
promedio
estrecho

B. *Relaciones*
Diga qué palabras de la lista están relacionadas con estos términos:

ropa   ejército   noticias
dinero   comida   espectáculo

ahorros	periódico	desayuno	uniforme
soldado	bocadillo	mochila	revista
mantequilla	gastar	obra de teatro	arma
maleta	película	almuerzo	bolsillo

C. *Definiciones*

Encuentre en el segundo grupo las palabras que co-rresponden a las definiciones del primer grupo:

1. La unidad que forman un hombre y una mujer.
2. La línea que separa a dos naciones.
3. Las primeras luces de un día que comienza.
4. La ceremonia en que se unen un hombre y una mujer.
5. Las sillas, camas y otros artículos de una casa.
6. El documento que se compra para viajar en un tren.

los regalos	la pareja	la boda	los muebles
el viajero	el borde	los gastos	el pasaje
el pasaporte	el amanecer	la frontera	el paisaje

Ahora, dé usted sus propias definiciones de los siguientes términos:

un tren internacional	un pasaporte
una cervecería	una *couchette*
Chamartín	los Pirineos

III | Ideas y creencias

A. *Comentarios*

1. John y Marge escogieron este orden de prioridades: (1) graduarse de la universidad; (2) casarse; (3) hacer un viaje al extranjero; (4) obtener un trabajo estable; (5) tener hijos. ¿Está usted de acuerdo con ese orden, o escogería usted un orden diferente? Explique.

2. ¿Cree usted que John y Marge hicieron bien en vender casi todas sus posesiones para hacer el viaje? ¿Podría

usted hacer lo mismo? Piense en sus posesiones favo-
ritas. ¿Cuáles de ellas estaría usted dispuesto(-a) a vender y cuáles no?

3. El sueño de John y Marge era hacer un largo viaje a
Europa. ¿Cuál es el sueño de usted? ¿Qué está usted
dispuesto(-a) a hacer para convertir ese sueño en realidad?

4. Claro, hay casos extremos. Por ejemplo, el sueño de
Paul Gauguin era ser pintor. Cuando tenía más de cuarenta años decidió abandonar su patria y su familia, y
se trasladó a la isla de Tahití para dedicarse allí a la
pintura. ¿Cree usted que Gauguin debió hacer eso?
¿Por qué sí o por qué no?

B. *Puntos de vista*

Las siguientes observaciones son características de un turista superficial que viaja a Europa con mucho dinero.
Pero si usted viaja como turista de *blue jeans,* ¿cómo las
modificaría usted? Ejemplo:

TURISTA —Cuando voy a Europa siempre vuelo en el
avión *Concord* porque es rápido y cómodo.

USTED —Cuando voy a Europa viajo en vuelos de grupo
porque son más baratos.

1. Si vuelo a París, me alojo en el Hotel Ritz, naturalmente.

2. Para viajar de ciudad a ciudad en Europa siempre tomo
un avión; mis vacaciones son cortas y quiero ahorrar
tiempo.

3. Por supuesto, sólo como en restaurantes de primera
clase y busco en el menú los platos más exóticos.

4. Solamente hablo inglés, pero no necesito hablar otras
lenguas pues siempre voy a lugares donde hay norteamericanos o europeos que hablan inglés.

5. Mi actividad favorita en Europa es ir a las magníficas
tiendas que hay allí. Por eso siempre llevo seis maletas
por lo menos.

IV | Proyecto de clase

Los miembros de la clase van a organizar un viaje a Europa.
Pueden discutir, por ejemplo:

Cuántas semanas van a pasar en Europa.

Desde qué ciudad norteamericana van a volar y a qué ciudad
europea.

Qué países van a visitar: España, Francia, Italia, Alemania,
Austria, Holanda, Suiza, Portugal, Bélgica, Suecia, Dinamarca, Noruega...

El itinerario: en qué orden van a visitar esos países y sus
ciudades principales, y cuántos días van a pasar en cada lugar.

El presupuesto (*budget*) por persona: costo del pasaje de ida
y vuelta (*round trip*); gastos de hotel, de comida y de pasaje
en tren por Europa; gastos incidentales.

V | Ejercicio escrito

Imagine que usted va en un tren internacional que viaja hacia
Berlín, y que en su compartimiento va también un espía (*spy*).
Escriba un diálogo imaginario en que usted le hace preguntas
a ese espía y él las contesta con honestidad. Por ejemplo:
cómo se llama él, dónde vive, su nacionalidad, su ocupación,
si representa a alguna organización, qué lenguas habla, si le
gusta su trabajo y por qué, la razón de su viaje.

✤ II

Lo que va de ayer a hoy

El Madrid que Rositina y yo vimos aquel primer día por las ventanillas del taxi no se diferenciaba mucho, a primera vista, del Madrid que yo había visto años atrás, en 1974, cuando hice una breve visita a la capital de España para asistir a una convención de profesores.

Pero la España que yo visité en 1974 era todavía la España de Francisco Franco (1): un país que vivía bajo un régimen dictatorial y extremadamente conservador; y el visitante que llegaba aquí desde un país democrático como los Estados Unidos, notaba en seguida la diferencia: casi nadie se atrevía a[1] criticar directamente al gobierno, existía censura de prensa, sólo se reconocía una ideología oficial, la del *Movimiento*

---

[1] *se...* dared to

Nacional de Franco, de raíces falangistas (2). Madrid era en esa época una de las ciudades más conservadoras del mundo, y también una de las más seguras. El turista extranjero podía andar por sus calles a cualquier hora del día o de la noche sin temor de ser asaltado o molestado[2]. Las puertas principales de los edificios se cerraban a las doce de la noche, y si uno quería entrar después de esa hora, tenía que llamar al sereno[3] que había en cada manzana[4] para que abriera la puerta con su llave. Estos serenos, por supuesto, funcionaban también como vigilantes y llamaban en seguida a la policía si había algún problema.

Franco fue, por otra parte[5], un dictador de hábitos puritanos, y durante los treinta y seis años que duró su gobierno, hasta su muerte en 1975, logró[6] transmitir su austeridad personal a la vida española. Bajo su régimen se prohibía cualquier publicación o espectáculo que, en opinión del gobierno, pudiera ofender "la moral y las buenas costumbres". Yo recuerdo que en 1974 vi en Madrid el anuncio de una película de John Wayne que estaba prohibida para menores de dieciocho años.

Ahora, mientras nuestro taxi avanzaba por la Avenida del Generalísimo, yo me preguntaba hasta qué punto había cambiado la vida de Madrid desde la muerte de Franco, qué significaba para el madrileño[7] común el vivir en esta "nueva España" democrática del rey Juan Carlos (3).

No tardé en obtener[8] una respuesta preliminar. Al detenerse el taxi[9] en una luz de tránsito, vi la marquesina[10] de un cine que anunciaba, en letras enormes, la película *El último tango en París*, clasificada como S (el equivalente español de la X norteamericana). Parece que el chofer vio mi cara de asombro[11] a través del espejo retrovisor[12] y comentó:

—¿Qué les parecen a ustedes las cosas que estamos viendo en España?

—Pues, imagínese... ¿Es que se ven muchas películas de éstas en los cines ahora?

---

[2] bothered
[3] night watchman
[4] city block
[5] *por...* on the other hand
[6] succeeded in
[7] inhabitant of Madrid

[8] *No...* It didn't take me long to get
[9] *Al...* As the taxi stopped
[10] marquee
[11] amazement
[12] *espejo...* rear-view mirror

—¡Claro[13], todas las que usted quiera! —respondió él—. ¡Si aquí el "destape"[14] está por todas partes! Sabe usted, esa película del tango la estrenaron[15] en Francia hace unos años, cuando aquí en España no se permitía ver esas cosas, y, ¿sabe lo que hicieron algunos españoles? ¡Viajaron a Francia para verla! Cómo cambia el mundo, ¿eh?

En los días que siguieron pudimos <u>comprobar</u>[16] que nuestro chofer tenía razón[17]. España, bajo la monarquía constitucional que sustituyó a la dictadura de Franco, estaba pagando el precio de vivir en el clima más liberal de un sistema democrático.

Los cambios que han ocurrido reflejan hasta cierto punto[18] el contraste entre la personalidad de Franco, el viejo dictador, y la de Juan Carlos, el nuevo monarca. Juan Carlos y su esposa, la reina Sofía, forman una pareja atractiva, dinámica y de mentalidad moderna; no son muy aficionados a[19] la etiqueta oficial y viven en una residencia relativamente modesta; el rey mismo conduce a menudo su Mercedes Benz, y la reina, por su parte, ha asistido a cursos en la Universidad de Madrid como una estudiante más. En particular, los jóvenes monarcas se muestran accesibles al contacto con las masas y la gente del pueblo[20] parece sentir una genuina admiración por ellos. Quizás el mayor éxito[21] de Juan Carlos ha sido su habilidad de convertirse en símbolo de la unidad nacional española, por encima de las luchas partidarias[22] e ideológicas. Es cierto que existen grupos y organizaciones extremistas que frecuentemente han traído la intranquilidad al país con sus actos terroristas (4), pero, en general, Juan Carlos ha recibido la continua cooperación de los principales sectores y partidos, incluyendo a los de la izquierda. No es frecuente ver al jefe[23] de un partido comunista <u>inclinarse</u> respetuosamente para besar[24] la mano de una reina, pero así ha sucedido en España.

¿Cómo ha reaccionado el pueblo español ante esos cambios? A muchos españoles—sobre todo los que tienen más de

---

[13] Of course
[14] strip tease
[15] *la...* was shown for the first time
[16] verify
[17] *tenía...* was right
[18] *hasta...* to a certain extent

[19] *aficionados...* fond of
[20] *la...* the common people
[21] success
[22] *luchas...* partisan struggles
[23] boss, chief
[24] to kiss

comprobar: examinar ~~para~~ algo para ver si es la verdad

inclinarse: un ejemplo es cuando un sirviente ~~reverencia~~ visita la reina, él hará esto.

cuarenta años—no les ha sido fácil acostumbrarse a ciertos aspectos del nuevo sistema. En esta España de costumbres más liberales, huelgas obreras[25], constantes conflictos políticos, no pocos de ellos recuerdan con nostalgia el mayor orden que existía bajo el régimen de Franco. Para muchos, ha sido especialmente difícil aceptar el regreso de los comunistas—hasta ayer considerados como figuras poco menos que satánicas—y su activa participación en la vida política de España. Un día le pregunté a una señora que vivía en nuestro hostal:

—Dígame, doña Eloísa, ¿qué le parece el hecho de que los comunistas ocupen asientos en las Cortes[26]?

—¡Figúrese[27] —me respondió, persignándose[28]—, como ver a Martín Lutero[29] haciendo la comunión en la Catedral de Toledo!

Los españoles más jóvenes, como era de esperarse[30], se han adaptado mucho más fácilmente. Los estudiantes universitarios, en general, representaron siempre una fuerza de oposición al gobierno de Franco. Huelgas y manifestaciones estudiantiles[31] fueron frecuentes durante los últimos años del régimen franquista, y en las universidades circularon siempre libros e ideas que estaban prohibidos por la censura oficial; no pocos estudiantes desarrollaron ideas izquierdistas[32] durante esos años, de modo que no debemos esperar verles persignarse ahora, como doña Eloísa. Yo recuerdo que en 1974 le pregunté a una estudiante de la Universidad de Madrid:

—¿Cuál es tu escritor norteamericano favorito?

—Henry Miller (5) —me contestó ella.

—Pero los libros de Miller están prohibidos en España.

—Claro —me dijo, con un guiño[33].

Pero los estudiantes universitarios forman una minoría relativamente pequeña en España. La mayoría de la juventud española no parece estar demasiado interesada en las ideologías o en la política. El ambiente más permisivo de la

---

[25] *huelgas...* workers' strikes
[26] Spanish Parliament
[27] Imagine
[28] making the sign of the cross
[29] *Martín...* Martin Luther

[30] *como...* as one could expect
[31] *manifestaciones...* student demonstrations
[32] left-wing
[33] wink

persignarse : hacer una cruz ~~w~~ con la mano

nueva España les da, más bien[34], la oportunidad de conducirse más libremente en su vida diaria, en sus relaciones con el sexo opuesto, en las formas de diversión[35] que atraen a la juventud actual[36] en los países occidentales. Después de la muerte de Franco, por ejemplo, se pusieron de moda[37] los festivales de *rock* evocadores de los "Woodstock" norteamericanos. Uno de esos festivales, celebrado cerca de Barcelona, atrajo a más de 30.000 jóvenes españoles, que pasaron diecisiete horas escuchando la música de tales conjuntos[38] "típicamente" españoles como "La Big Band" y "Los Sirex".

Mas esta apertura[39] no sucedió de la noche a la mañana[40]. Esta nueva España que ahora puede manifestarse más libremente había empezado a desarrollarse desde la década de 1950, cuando comenzó, por una parte, la industrialización en gran escala del país, por otra, el enorme incremento del turismo. Junto a[41] la España tradicional y conservadora, basada en una economía predominantemente agrícola, surgió[42] la España del hombre de negocios[43], el <u>empresario</u>[44] industrial, el obrero de fábrica[45]; es decir, sectores mucho más receptivos a la modernización y con mayor poder adquisitivo[46]. Son los hijos de estos españoles los que hoy pueden pagar 500 pesetas—siete dólares—por la entrada[47] a un festival de *rock*.

La presencia de los turistas también ha sido un factor importante en este proceso de modernización. Unos cuarenta millones de ellos visitan España todos los años, y es fácil imaginar lo que esto significa para un país con una población de poco más de treinta millones de habitantes. ¡Es como si los Estados Unidos recibieran todos los años la visita de más de doscientos cincuenta millones de turistas! Inevitablemente, la sociedad española ha sido afectada por la mentalidad y los hábitos de estos visitantes, especialmente de los que vienen

---

[34] *más...* rather
[35] entertainment
[36] *juventud...* present-day youth
[37] *se...* became fashionable
[38] *tales...* such musical groups
[39] opening up
[40] *de...* overnight

[41] *Junto...* Next to
[42] emerged
[43] *hombre...* businessman
[44] entrepreneur
[45] *obrero...* factory worker
[46] *poder...* purchasing power
[47] admission ticket

Un empresario: una persona que empieza una empresa nueva

de culturas más abiertas y democráticas: norteamericanos, franceses, suecos[48], alemanes.

Sería un error, sin embargo, creer que la España tradicional, conservadora y católica, ha dejado de[49] existir o de ser importante. El visitante actual no debe subestimar[50] la importancia que todavía tiene la España que representa mi amiga doña Eloísa. Ella misma me contó que, unos días antes, ella y una amiga habían ido a un teatro de Madrid para ver una obra de teatro cuyo título no podía ser más inocente. Pero cuando llegaron a la taquilla[51] del teatro, el empleado que estaba vendiendo las entradas las miró con cara de embarazo[52].

—Oigan —les dijo el hombre por fin—, yo no creo que unas señoras decentes como ustedes deban ver esta obra que estamos presentando.

✤ Notas

1. En 1931 el rey Alfonso XIII abandonó el trono y España se convirtió en una república. Esta Segunda República mostró inclinaciones izquierdistas y anticlericales, y el ejército, la iglesia y los elementos conservadores se opusieron a ella. En 1936 unos generales del ejército, entre ellos Francisco Franco, iniciaron una rebelión contra la República y así comenzó la terrible Guerra Civil española, que duró hasta 1939, y en la que se dice que murió un millón de españoles. En su curso, las fuerzas republicanas recibieron el apoyo (*support*) de la Unión Soviética y de voluntarios liberales o izquierdistas de otras naciones, incluyendo los de la Brigada Lincoln de los Estados Unidos. La Alemania de Hítler y la Italia de Mussolini, por su parte, apoyaron a Franco. El triunfo de los "nacionales" de Franco en 1939 marcó el inicio de la dictadura franquista.
2. La Falange Española fue un partido fundado en 1933 con una ideología similar a la del fascismo italiano a la que Franco luego se adhirió.

[48] Swedes
[49] *ha...*   has ceased to
[50] underestimate
[51] ticket window
[52] embarrassment

3. Juan Carlos de Borbón (1938–) es nieto de Alfonso XIII. Su familia, los Borbón, es la dinastía de origen francés que ha gobernado a España, con algunas interrupciones, desde 1700. La esposa de Juan Carlos, la reina Sofía, es hermana de Constantino, el ex-rey de Grecia.

4. Estos grupos terroristas—como el llamado G.R.A.P.O.—son similares a la "Brigada Roja" de Italia o al "Septiembre Negro" de Palestina. Algunos—como la E.T.A.—han usado el terrorismo para promover (*promote*) la independencia de la región vasca. Aparte de las actividades de esos grupos, han existido siempre en varias regiones españolas —especialmente en la región vasca y en Cataluña—sectores de la población que favorecen la separación del resto de España. En el siglo XX han ocurrido frecuentes conflictos entre el gobierno central de Madrid y esos sectores vascos y catalanes; estas son regiones que tienen su propia lengua (el vascuence, el catalán) y tradiciones culturales muy antiguas. El gobierno de Franco usó a menudo la represión para contener sus actividades separatistas. Bajo el presente régimen, en cambio, se les ha concedido la autonomía.

5. Henry Miller fue, por supuesto, el célebre escritor norteamericano, autor de *Trópico de Cáncer* y otras obras consideradas hasta hace unos años como pornográficas. Miller ha sido un autor muy leído en España y en Hispanoamérica.

✤ *EJERCICIOS*

I | Preguntas

1. ¿Es ésta la primera visita del profesor a Madrid? Explique.
2. ¿Cómo era Madrid bajo el régimen de Franco?
3. ¿Por qué le causó asombro al profesor ver el anuncio de *El último tango en París*?
4. ¿Quiénes son Juan Carlos y Sofía? ¿Por qué podemos de-

cir que tienen una mentalidad moderna? Dé dos ejemplos.

5. ¿Hay completa tranquilidad en España? ¿Por qué sí o por
   qué no?

6. ¿Se han adaptado fácilmente todos los españoles a los
   cambios que han ocurrido en su país? Comente.

7. ¿Qué formas de diversión buscan ahora muchos jóvenes
   españoles?

8. ¿Por qué tienen los españoles de hoy mayor poder adquisitivo, es decir, más dinero para gastar?

9. Los turistas han sido un factor importante en la transfor-
   mación de España. ¿Por qué razón?

10. ¿Es importante todavía hoy la España tradicional?

II │ Vocabulario

A. *Sinónimos*
Sustituya las palabras en itálicas por la forma apropiada
de palabras sinónimas de la lista.

1. Franco fue *el líder* del gobierno español por treinta y seis años.	conjunto
	falangista
2. Él no fue un hombre de *hábitos* liberales.	monarca
	actual
3. Los turistas no tenían temor de ser *atacados*.	rey
	empresario
4. La España *presente* tiene bas-tantes problemas.	lucha
	agrícola
5. Ahora son frecuentes *los conflic-tos* entre partidos.	asaltar
	besar
6. Otra cosa que ha cambiado es la actitud de *las personas jóvenes*.	juventud
	atreverse
7. Ellos no son muy diferentes de otros jóvenes de los países *del Oeste*.	occidental
	costumbre
	jefe
8. Ahora hay allí muchos *grupos musicales* al estilo norteameri-cano.	éxito
9. La película *Eros* fue un *triunfo* en Madrid.	

10. Todavía hoy, parte de España
tiene una economía *que depende
de la agricultura*.

B. *Respuestas*
Un alumno lee la oración (*sentence*); otro alumno responde (claro, todas las respuestas son ficticias). Ejemplo:

ALUMNO 1 —Eres partidario de las ideas de izquierda.
ALUMNO 2 —Soy izquierdista.

1. No eres liberal.
2. Trabajas en una fábrica.
3. Eres partidario de las ideas de la derecha.
4. Eres el jefe de un régimen dictatorial.
5. Escribes profesionalmente.
6. Eres dueño de una empresa industrial.
7. Tu líder religioso es el Papa de Roma.
8. Trabajas como vigilante por las noches.

ALUMNO 1 —¿Qué hay cuando un rey gobierna?
ALUMNO 2 —Hay una monarquía.

1. ... cuando los ciudadanos no pueden criticar al gobierno?
2. ... cuando los obreros dejan de trabajar?
3. ... cuando la prensa no puede publicar todas las noticias?
4. ... cuando los estudiantes hacen un acto público de protesta?
5. ... cuando un grupo extremista pone una bomba de dinamita?
6. ... cuando los ciudadanos pueden criticar al gobierno sin temor?

III | Ideas y creencias

1. No solamente en España sino también en los Estados Unidos la vida y las costumbres han cambiado en tiempos recientes, y no todos los norteamericanos se han adaptado

fácilmente a esos cambios, especialmente los que no per-
tenecen (*belong*) a la generación actual. Por ejemplo, trate
de expresar la opinión de esas personas sobre los si-
guientes aspectos:
Las películas que se exhiben en los cines hoy día.
Las formas de diversión que prefiere la juventud actual.
Las relaciones con el sexo opuesto.
¿Y la generación de usted, qué cree de esto, en su opinión?

2. Suponga que un español le pide a usted que le explique
lo que quieren decir las letras que se usan en los Estados
Unidos para clasificar las películas, es decir, *G, PG, R* y *X.*
¿Qué le dice usted?

3. Las manifestaciones estudiantiles de protesta fueron muy
comunes en las universidades norteamericanas durante la
guerra de Vietnam. ¿Y hoy día? En su opinión, ¿qué tipos
de problemas justifican la organización de manifestaciones
estudiantiles? ¿La inflación, la energía nuclear, el servicio
militar obligatorio? ¿Otros? ¿Por qué sí o por qué no?

4. Algunas personas creen que en los Estados Unidos existe
demasiada libertad. ¿Cree usted que esto es cierto? ¿Cuáles
son las alternativas?

IV | Proyecto de clase

Imaginar que los alumnos de la clase son miembros de una
Convención Constituyente que va a ratificar, cambiar o modificar la actual Constitución norteamericana. La agenda
puede incluir, por ejemplo, los siguientes temas de discusión:

1. ¿Debemos tener un presidente, o es mejor tener un rey o
una reina constitucional? ¿Pros y contras?

2. ¿Es bueno tener solamente dos partidos políticos importantes, o es mejor tener más de dos? ¿Es preferible, quizás,
tener un solo partido?

3. ¿Debe ser legal el partido comunista? ¿Otros partidos de
izquierda? ¿El partido nazi? ¿Otros partidos de extrema
derecha?

4. Siempre se dice que la democracia es el gobierno de la
mayoría. ¿Pero necesitan las minorías ser protegidas por
legislación especial? ¿Por qué sí o por qué no?

5. ¿Debe incluir la Constitución un artículo que garantice la igualdad de derechos (*rights*) para las mujeres?

V │ Ejercicio escrito

En general, la mayoría de las personas están en contra de la censura de prensa. Pero las opiniones difieren en relación con ciertos casos específicos. Escriba una composición explicando si, en su opinión, hay casos en que debe existir la censura, y por qué. Por ejemplo:

Si hay ciertos libros que no deben estar en la biblioteca de una escuela secundaria (*high school*).

Si debe existir control sobre ciertas noticias cuya publicación puede ser peligrosa para la seguridad nacional.

Si deben prohibirse las revistas y las películas pornográficas.

Si debe controlarse la presentación del sexo y la violencia en los programas de televisión.

❧ III

En un hostal madrileño

Madrid es una ciudad "moderna" en comparación con otras
capitales europeas, pues no fue hecha capital de España hasta
1561. En el siglo XV, cuando los Reyes Católicos, Fernando
e Isabel, unificaron a España (1), Madrid era sólo una pequeña
ciudad perdida en la meseta castellana. Y el nieto y sucesor
de Fernando e Isabel, Carlos V (2), fue un rey demasiado
ocupado en sus campañas militares y religiosas para estable-
cerse permanentemente en un lugar. Fue su hijo Felipe II (3),
un monarca mucho más sedentario y burócrata, quien reco-
noció por fin la necesidad de darle una capital permanente a
España. Probablemente escogió a Madrid por su posición es-
tratégica, ya que[1] esta ciudad estaba situada casi exactamente

---

[1] *ya...* since 　*el nieto: era el hijo de su hijo*

en el centro geográfico de España y a corta distancia de Toledo, la capital espiritual del país, y del Escorial, el monumental monasterio construido por el propio Felipe y que era su lugar de retiro favorito.

Pero si Madrid se convirtió, de la noche a la mañana, en capital del imperio más poderoso de la tierra, no se convirtió inmediatamente en una gran ciudad. Pocos años después, en 1588, ocurrió la desastrosa derrota[2] de España y su "Armada Invencible" a manos de Inglaterra y el imperio español comenzó su rápida decadencia (4). Como capital de un imperio empobrecido[3], Madrid fue durante muchos años un pueblo grande, más que una gran ciudad. Sólo en el siglo XVIII, bajo la relativa prosperidad de los Borbones (5), la ciudad empezó a adquirir el aspecto de gran capital que tiene hoy. Por eso muchos de sus edificios y monumentos importantes son ejemplos del estilo neoclásico que estuvo de moda[4] en aquel siglo, con su imitación de la arquitectura clásica de Grecia.

Como "hermana menor" de las otras grandes capitales europeas, el Madrid actual no produce en el viajero la impresión inmediata y espectacular que producen Londres, París o Roma. Sus atractivos son, más bien[5], del tipo que uno tiene que descubrir poco a poco. Uno de ellos es precisamente el hecho de que, aún hoy, Madrid es una mezcla[6] de gran capital y de aldea[7]; es decir, que es una ciudad de dos caras. Por una parte, es un gran centro urbano de casi cuatro millones de habitantes; sus calles más céntricas, como la Avenida de José Antonio, la calle de Alcalá, el Paseo del Prado, con sus anchas aceras[8] cubiertas de cafés al aire libre[9], tienen un ambiente metropolitano y cosmopolita que incluye tremendas congestiones de tránsito producidas por los Seats, esos pequeños automóviles que se fabrican[10] en España y que son una copia del Fiat italiano. Por otra parte, si el visitante se aleja unos pasos[11] de esas grandes avenidas, entra en seguida en un mundo completamente diferente: un mundo de calles estre-

---

[2] defeat
[3] impoverished
[4] *estuvo...* was fashionable
[5] *más...* rather
[6] mixture
[7] village
[8] sidewalks
[9] *al...* in the open air
[10] are manufactured
[11] *se...* walks a few steps away

chas donde los automóviles tienen que estacionarse[12] sobre
las aceras y donde el habitante común de Madrid—el madrileño—vive a un paso[13] mucho más lento, casi provinciano.
Dentro de ese laberinto de callecitas existe una infinidad[14] de
pequeños barrios con sus diminutas[15] tiendas, peluquerías,
puestos de frutas[16], donde la gente todavía se conoce[17] por sus
nombres de pila[18].

El Hostal Asunción, donde Rositina y yo nos hospedamos[19],
está a sólo tres manzanas[20] de la Avenida José Antonio, pero
en una de esas callecitas que tienen más ambiente de pueblo
que de gran ciudad. El peluquero del piso bajo[21], el dueño[22]
de la farmacia de la esquina[23], los camareros del café vecino[24],
son todos miembros de una pequeña comunidad. A los pocos
días[25] de estar allí, ya sabíamos los nombres de casi todos los
huéspedes[26] del hostal, pues rara era la noche que no nos
reuníamos en el comedor para conversar, mirar la televisión o
jugar a las cartas[27]. Algunos de los huéspedes eran españoles
de las provincias, otros eran extranjeros de varias nacionali-
dades que se comunicaban con los demás[28] mediante una mezcla de español, inglés y gesticulaciones.

Este ambiente familiar se halla presidido por doña Asunción y don Benigno, los dueños del hostal, que forman una
pareja realmente pintoresca. Doña Asunción no es de Madrid,
es una sevillana[29] de unos cincuenta años, robusta y habla-
dora[30], con ese carácter extrovertido y franco que es frecuente
entre los españoles del sur. Ha aprendido a hablar un poquito
de inglés, el suficiente para entenderse con los huéspedes
extranjeros y servirles a veces de intérprete. Había allí, por
ejemplo, una muchacha de Canadá que había conocido a un
joven madrileño y salía con él casi todos los días. Pero ni ella
sabía mucho español ni él mucho inglés, de modo que cuando

---

[12] to park
[13] pace
[14] large number
[15] small
[16] *puestos...*   fruit stands
[17] *se...*   know each other
[18] *nombres...*   first names
[19] lodged
[20] blocks
[21] *piso...*   ground floor

[22] owner
[23] (street) corner
[24] neighboring
[25] *A...*   After a few days
[26] guests
[27] cards
[28] *los...*   the others
[29] from Seville
[30] talkative

peluquería: a lugar donde se corta el pelo
los huéspedes: las personas que se
hospedan en el hostal

se llamaban[31] por teléfono era doña Asunción la que les servía de intérprete... de una manera muy liberal:

—Oye, hijo, la niña quiere saber dónde van a verse hoy. ¿En el "Bar Quitapenas"? ¿Y qué clase de lugar es ese? Mira, hijo, que esta niña es extranjera, pero es muy buena y muy decente, ¿eh? Tú me entiendes...

Y después de conversar con el joven por diez o quince minutos, doña Asunción colgaba[32] el teléfono y le decía a la muchacha:

—Everythin OK, hija. "Bar Quitapenas", a las seis. Sis ocló.

El esposo de doña Asunción, don Benigno, es, en cambio, un castellano de porte muy digno[33], siempre impecablemente vestido y de modales[34] ceremoniosos. Pronto nos dimos cuenta de que no tiene ningún trabajo fuera del hostal, y, en el hostal mismo, el único trabajo que le vimos hacer fue ayudarle a cargar[35] las maletas a los nuevos huéspedes que llegaban, y esto sólo cuando eran mujeres. Todo el resto del trabajo lo hace doña Asunción, o la joven sirvienta[36] del hostal. Don Benigno pasa buena parte del día en la calle. Cuando vuelve al hostal es para inspeccionar "cómo van las cosas" y preguntarles a los huéspedes si están satisfechos con el servicio.

—Si tiene usted alguna queja[37], me lo dice en seguida.

Me parece que don Benigno se ve a sí mismo como una especie de agente de relaciones públicas del hostal. Su dignidad no le permite preocuparse de los aspectos más prosaicos del negocio. Al enterarse de[38] que yo soy profesor universitario, empezó a tratarme con especial deferencia y a llamarme "doctor" (6). Le gustaba, sobre todo, practicar su inglés conmigo.

—Los que estamos asociados con la industria del turismo, doctor, tenemos que saber algo de la lengua de Chakespeare. No hay más remedio.

Su inglés es aún más primitivo que el de doña Asunción, pero él lo malpronuncia con una autoridad maravillosa. Una de sus funciones importantes como agente de relaciones pú-

---

[31] *se...* called each other
[32] hung up
[33] *porte...* very dignified demeanor
[34] manners
[35] carry
[36] maid
[37] complaint
[38] *Al...* Upon finding out

cargar - traer algo

blicas es darles a los huéspedes del hostal todo tipo de información "confidencial" sobre la manera de vivir, comprar y divertirse en Madrid a precios módicos[39]. Siempre lleva en los bolsillos un verdadero archivo de tarjetas[40] comerciales que indican donde revelar un rollo de película[41], donde adquirir una chaqueta de cuero[42] con un cincuenta por ciento de descuento, donde se puede comer la mejor paella[43] de Madrid. Un día decidí aprovecharme de los servicios de don Benigno.

—Don Benigno —le dije—, necesito mandar a imprimir[44] unas tarjetas de visita[45]. ¿Sabe usted de alguna buena imprenta[46]?

Don Benigno sacó inmediatamente papel y lápiz del bolsillo.

—Dícteme usted lo que quiere poner en las tarjetas y mañana mismo se las traigo. Yo conozco a un impresor[47] magnífico que es íntimo amigo mío.

Le dicté el texto de las tarjetas y él lo releyó. Noté en seguida que le había agregado el título de "doctor" a mi nombre.

—No, don Benigno, yo prefiero mi nombre solamente, sin el "Dr." delante.

—Doctor —me replicó él—, en España es usted doctor, quiera o no quiera[48].

Comprendí que era inútil contradecirlo. Esa misma noche, al ver que Rositina y yo nos disponíamos a[49] salir a cenar, se acercó a nosotros con aire de misterio:

—Doctor... —y me dio una de sus propias tarjetas de visita, en cuyo reverso[50] había escrito el nombre y la dirección de un restaurante cercano, y una nota que decía: "Belarmino, el doctor y su señora son como de la familia. Trátemelos a cuerpo de rey[51]".

---

[39] inexpensive
[40] *archivo...* card file
[41] *revelar...* to develop a roll of film
[42] *chaqueta...* leather jacket
[43] typical Spanish dish
[44] to print
[45] *tarjetas...* business cards

[46] printing press
[47] printer
[48] *quiera...* whether you like it or not
[49] *nos...* we were getting ready to
[50] the reverse side
[51] *a...* like V.I.P.s

contradecirlo

Al leer la tarjeta de visita de don Benigno, nos enteramos por fin de[52] su ocupación "oficial":

DON BENIGNO ARGOTE Y DE LA CAMPA

ADMINISTRACIÓN DE HOSTELERÍA Y TURISMO

Pero esa noche decidimos no seguir la recomendación de don Benigno. Tomando por la amplia Avenida de José Antonio, anduvimos hasta la Puerta del Sol, esa pequeña plaza que es como el *Times Square* de Madrid; luego, dejando atrás[53] el tráfico y los anuncios lumínicos[54] de la ciudad moderna, tomamos por una calle sinuosa y callada[55] que corre en dirección a la Plaza Mayor, el corazón del viejo Madrid. Por allí se encuentra uno de los restaurantes más famosos de España, La Casa Botín. Hemingway, en *The Sun Also Rises,* le hizo decir a su protagonista sobre este restaurante: "We lunched upstairs at Botin's. It is one of the best restaurants in the world. We had roast suckling pig and drank *rioja alta*". Y, todavía hoy, el cochinillo asado es la especialidad de la casa. Lo pedimos y el camarero nos lo trajo, entero[56], y lo cortó con maestría ante nuestros ojos. Con una botella de buen vino tinto[57], el cochinillo tiene una carne increíblemente tierna y deliciosa que todo visitante debe probar[58]. Al lado del[59] restaurante habíamos visto la entrada de un *tablao flamenco,*[60] y le pregunté al camarero:

—Ese *tablao* que está aquí al lado, ¿es bueno?

—Sí, supongo —me respondió él sin mucho entusiasmo—. Yo no sé gran cosa de *tablaos.*

---

[52] *nos...* we finally found out
[53] *dejando...* leaving behind
[54] *anuncios...* neon signs
[55] *sinuosa...* winding and quiet
[56] complete
[57] red wine
[58] taste
[59] *Al...* Next to
[60] *tablao...* flamenco dance place

Comprendí su indiferencia. No es raro encontrar en Madrid este tipo de persona seria y digna que parece reflejar en su carácter la severa geografía de Castilla. El baile flamenco, por ejemplo—producto de la España del sur, de Andalucía—es un espectáculo bastante foráneo[61] para el madrileño. El turista que va a un cabaret de Madrid y ve una "auténtica fiesta española", con su flamenco y alegría extrovertida, está viendo en realidad, un espectáculo un poco falso, importado de otras regiones de España para beneficio del visitante extranjero.

Salimos de La Casa Botín casi a la medianoche, pero las calles, los restaurantes, los cafés, todavía estaban llenos de gente.

—Los ladrones[62] españoles —me dijo Rositina— deben tener un horario de trabajo[63] terrible.

❧ Notas

1. El matrimonio de Fernando de Aragón e Isabel de Castilla unificó estos dos reinos cristianos que controlaban la mayor parte de España después de haberla reconquistado de los árabes musulmanes (véase el Capítulo XIV).
2. Carlos heredó (*inherited*) no sólo la corona de España sino también la de Alemania, pues su padre, Felipe el Hermoso, era el heredero (*heir*) de la Casa de Austria. Carlos nació en la actual Bélgica y cuando llegó a España en 1517 para ocupar el trono, a los 17 años, ni siquiera sabía hablar español. A los 19 años era rey de media Europa, de América, de las posesiones españolas en África.
3. Felipe, en contraste con su padre, fue un rey profundamente español. No heredó la corona de Alemania, pero fue todavía el monarca más poderoso del mundo. Por otra parte, fue un fanático religioso y también él hizo participar a España en numerosas guerras extranjeras que continuaron agotando los recursos (*exhausting the resources*) de la nación.

[61] foreign
[62] thieves

[63] *horario...* work schedule

4. La rivalidad entre Felipe II y Elizabeth I de Inglaterra culminó en esta batalla naval. Los 130 barcos de la "Armada Invencible" (*Spanish Armada,* en inglés), organizada por Felipe con enormes gastos, confrontaron varios factores desfavorables: una terrible tormenta (*storm*) que los sorprendió en el mar, la superior habilidad marítima de los capitanes ingleses, como Francis Drake y John Hawkins. Desde entonces, España perdió su superioridad naval e Inglaterra se convirtió en "la reina de los mares".

5. En 1700 murió Carlos II, el último rey español de la Casa de Austria, sin dejar hijos. Hubo una guerra entre Francia y Austria por la sucesión al trono español, y, en 1713, Felipe de Anjou, un nieto de Luis XIV, el Rey Sol de Francia, fue reconocido como rey de España. Con Felipe de Anjou (Felipe V) se instaló en España la Casa francesa de Borbón, que es todavía la familia real española.

6. En los países hispanos se les llama "doctor" a muchos profesionales—como abogados, profesores, etcétera—, no solamente a los médicos.

❧ EJERCICIOS

I │ Preguntas

1. ¿En qué siglo se convirtió Madrid en la capital de España? ¿En qué parte del país está situada?
2. ¿Cuándo comenzó la decadencia de España?
3. ¿Por qué dice el profesor que Madrid es una ciudad de dos caras?
4. ¿Qué problemas tienen las personas que tienen automóvil en Madrid?
5. El profesor dice que el Hostal Asunción tiene un "ambiente familiar". Dé un ejemplo para ilustrar esto.
6. ¿Por qué necesitaba la muchacha canadiense a doña Asunción?
7. ¿Trabaja mucho don Benigno? ¿Cuál es su ocupación?
8. ¿Es posible que don Benigno tenga un pequeño negocio

con las tarjetas que les da a las personas que viven en el hostal?

9. ¿Puede usted traducir al español las palabras de Hemingway que cita (*quotes*) el profesor?

10. ¿Por qué el camarero de la Casa Botín habla del flamenco sin entusiasmo?

II | Vocabulario

A. Definiciones

Encuentre en el segundo grupo las palabras que corresponden a las definiciones del primer grupo.

1. Descripción de un lugar donde vive una persona.
2. Un distrito residencial de una ciudad.
3. Una persona que vive en un hotel u hostal.
4. Una persona que puede traducir de una lengua a otra.
5. Un grupo de edificios limitado por dos calles.
6. La parte de una calle por donde caminan las personas.

un monarca	un intérprete	un huésped	una aldea
una arquitectura	un extranjero	un archivo	una acera
una avenida	una dirección	una manzana	un barrio

B. Asociaciones

Dicen que el tipo de automóvil que tenemos refleja nuestra personalidad. Use las características de la lista para describir el tipo de persona que asocia usted con los siguientes automóviles.

Un VW	liberal	conservador
Un Maserati	callado	hablador
Un Lincoln Continental	tímido	extrovertido
Un Buick	franco	bien vestido
Un Rolls Royce	digno	cosmopolita
Un Honda Civic	próspero	empobrecido
Un Chevy Nova	práctico	provinciano

A propósito: ¿Qué tipo de automóvil tiene usted? ¿Y el profesor? ¿Comentarios?

III | Ideas y creencias

A. *Comentarios*
1. ¿Cree usted que es muy importante tener el título de bachiller en nuestra sociedad? ¿Por qué?
2. Yo tengo un amigo que, cuando llama por teléfono a un restaurante para reservar una mesa, siempre dice que es "el Dr. Fulano de Tal" (*Dr. So-and-so*). Mi amigo no es médico sino profesor, con un título de doctor en Filosofía, pero dice que de esa manera siempre obtiene resultados. ¿Por qué cree usted que esto ocurre?
3. Algunas personas prefieren vivir en grandes ciudades; otras, no. ¿Y usted? Dé las razones de su preferencia.
4. A muchos norteamericanos les gustan los automóviles europeos. ¿Por qué cree usted que esto es así?

B. *Puntos de vista*
El Hostal Asunción no es exactamente un Holiday Inn. ¿Qué diferencias existen entre uno y otro? Puede referirse, por ejemplo, a tales aspectos como: el lugar donde están situados; las comodidades que tienen las habitaciones; las relaciones que existen entre los huéspedes; y las relaciones entre los dueños y los huéspedes.

Entre estos dos tipos de alojamiento, ¿cuál prefiere usted? ¿Por qué?

IV | Proyecto de clase

En 1960 el gobierno del Brasil trasladó la capital del país, de Río de Janeiro, en la costa del Atlántico, a Brasilia, una nueva ciudad construida en el centro del país. La idea fue alentar (*to encourage*) el desarrollo del interior del país. Con esto en mente, la clase va a discutir la posibilidad de hacer algo similar con Washington, D.C. Por ejemplo:

Si la capital de los Estados Unidos debe estar en Washington,
D.C. Pros y contras.

En qué nuevo lugar debemos situarla y cómo podemos justificar esta situación geográfica.

Si debemos construir una capital completamente nueva o usar
una ciudad ya existente.

Qué requisitos debe llenar una ciudad-capital, e.g., tamaño
(*size*), situación, edificios apropiados.

Si trasladamos la capital, qué nuevos usos podemos darle a la
actual Casa Blanca, al Capitolio y a otros edificios públicos de
Washington, D.C.

Si este cambio les gustaría o no al Presidente y a los miembros
del Congreso de los Estados Unidos, y por qué.

V │ Ejercicio escrito

Describa la ciudad donde usted vive o la ciudad más cercana
al lugar donde usted vive. Por ejemplo: su situación, su tamaño, número de habitantes, su ambiente, el tipo de arquitectura que predomina en ella; si tiene barrios étnicos; personas prominentes que viven o han vivido en ella; algún
hecho histórico importante ocurrido allí; problemas que
existen actualmente en esa ciudad y si usted cree que es un
buen lugar para vivir o no.

✦IV

En el reino de las tapas

Rositina y yo tenemos un pequeño problema de identidad.
Como viajamos con pasaportes norteamericanos, los españoles
a veces no saben cómo clasificarnos. Recuerdo que, al cruzar
la frontera de Francia a España, el guardia español que nos
revisó los pasaportes me dijo con sorpresa:

—Usted habla un español excelente.

—Y usted también —le respondí con mi mejor cara de
inocencia.

El hombre salió rascándose[1] la cabeza.

Pero es un hecho que, después de vivir por varios años en
los Estados Unidos, hemos tenido que adaptarnos otra vez a
las costumbres y al modo de vida hispánicos.

---

[1] scratching

Una de las cosas que más extrañábamos[2] al principio era el silencio de los Estados Unidos. Al norteamericano que diga que en su país hay demasiado ruido, yo le recetaría[3] una semana de vacaciones en un lugar céntrico de Madrid. En el hostal, por ejemplo, nuestra habitación estaba en el primer piso, a sólo tres metros sobre el nivel[4] de la calle, y en la esquina había un bar que permanecía abierto toda la noche... con las puertas abiertas de par en par[5]. A la semana[6] de estar allí, ya nos sabíamos de memoria[7] todas las canciones de moda[8] en España, no pocas de las cuales son traducciones de las canciones del *Top Ten* norteamericano. Además, los españoles y los hispanoamericanos tenemos a menudo la costumbre de hablar en el mismo tono de voz a cualquier hora del día o de la noche. Y cuando dos madrileños se detenían a conversar bajo nuestra ventana a las dos de la mañana... Madrid es, decididamente, una ciudad con pocos secretos, especialmente para los huéspedes del Hostal Asunción.

En cambio, Rositina y yo no tuvimos gran dificultad en adaptarnos a un aspecto de la vida española que otros visitantes encuentran problemático: el "extraño" horario[9] que siguen los españoles; el hecho de que, por ejemplo, las tiendas y oficinas se cierran a la una y media de la tarde y no vuelven a abrirse hasta las cuatro y media, o de que los restaurantes tradicionales no empiezan a servir la cena hasta después de las nueve de la noche. Los norteamericanos, sobre todo, acostumbrados a tomar sólo un almuerzo ligero al mediodía, casi se desmayan[10] al principio. Quizás la razón por la que nosotros no tuvimos problemas en este sentido es que aprendimos a usar rápidamente el arma secreta de los españoles: las tapas. He llegado a creer que todo el ritmo de la vida española está organizado alrededor de las tapas. Éstas, en principio, son la versión española del *snack* norteamericano: algo ligero que uno come entre las comidas principales. Pero ahí terminan las semejanzas[11]. En primer lugar, porque cada español tiene sus propias ideas sobre lo que debe entenderse por "algo ligero";

---

[2] we missed
[3] would prescribe
[4] level
[5] *abiertas...* wide open
[6] *A...* After a week

[7] *de...* by heart
[8] *canciones...* fashionable songs
[9] timetable
[10] *se...* faint
[11] similarities

recetar - to prescribe   ligero - light
semejanzas - similarites

para algunos de ellos, la tapa ideal consiste en un vaso de vino o de cerveza acompañado de un bocadillo de jamón; para otros, debe incluir algo más substancial, como pescado o mariscos[12]: un pequeño plato de sardinas fritas o de gambas, pulpo o calamares[13]. Pero, además, las tapas constituyen una ocasión de importancia social, la oportunidad que utiliza el español para expresar <u>diariamente</u> su fuerte instinto <u>gregario</u>. Cuando las tiendas y oficinas se cierran por la tarde, el español promedio se va a casa para disfrutar de un almuerzo que, teóricamente, dura tres horas. Pero lo que hacen muchos de ellos, hombres y mujeres, es detenerse en un bar o en un café para tomar las tapas y pasar un buen rato conversando entre amigos. Sólo después de esto se van realmente a almorzar y echar una corta siesta si tienen tiempo. Por la noche, los negocios se cierran después de las ocho y el rito[14] de las tapas vuelve a repetirse, de modo que la mayoría de los madrileños pueden esperar muy bien hasta las nueve o las diez de la noche para cenar.

La persona que pasea por las calles de Madrid a las horas de las tapas y observa ese increíble número de bares y cafés atestados[15] de gente de todas las edades, se da cuenta en seguida de que esos momentos de escape de la rutina y las tensiones diarias son importantísimos para el español. Quién sabe, quizás las tapas sean responsables, al menos en parte, del hecho de que los psiquiatras españoles tienen menos pacientes que los de otros países. El típico bar español no es un lugar cerrado y oscuro como en otras partes, sino abierto y bien iluminado ("*a clean, well-lighted place*", como en el famoso cuento de Hemingway), frecuentado por parroquianos[16] que no vacilan[17] en llevar allí a sus niños.

Me imagino que a algunos visitantes extranjeros esto les chocará[18] un poco, pero también los españoles, por su parte, se sorprenden de algunas de las "extrañas" costumbres de los extranjeros. Una señora española que estaba hospedada también en el Hostal Asunción, me preguntaba un día:

---

[12] seafood
[13] *gambas...*   shrimp, octopus, or squid
[14] ritual

[15] crowded
[16] clients
[17] hesitate
[18] will bother

diariamente - daily

—¿Y en Nueva York a qué hora se almuerza? —ella quería decir en los Estados Unidos, por supuesto, pero Nueva York es los Estados Unidos para muchos españoles... y aun para algunos norteamericanos.

—A las doce, más o menos —le respondí.

—¿Y la gente se va a casa, como aquí?

—No, porque solamente les dan una hora libre para almorzar. Algunos comen en una cafetería cercana[19], otros llevan la comida al trabajo en una bolsa de papel[20].

—¿En una bolsa de papel? ¿La comida?

—Sí, llevan, por ejemplo, un sandwich, una fruta...

—Bueno, sí, unas tapas americanas, pero, ¿cuándo almuerzan?

—Es que ése es su almuerzo.

—¿Y luego qué?

—Bueno, normalmente les dan otra media hora libre por la tarde, para tomarse un café y alguna otra cosa.

—¿Y así aguantan[21] hasta la cena?

—Es que cenan más temprano que aquí, a las cinco o las seis de la tarde.

—¿Cenan... por la tarde?

—Sí, pero generalmente toman algo más antes de acostarse: un vaso de leche, un sandwich...

—Entonces, en fin de cuentas[22], nada más comen una vez al día.

—No, mire, déjeme explicarle: cuando usted dice "comer"... Pero ella no necesitaba más explicaciones.

—Pues ahora sé por qué vienen tantos americanos a España —me dijo—. Vienen a comer, los pobres[23].

El problema es que para esta señora, como para muchos españoles, uno no puede decir que ha comido realmente a menos que[24] haya consumido lo que ellos consideran como una comida completa. Recuerdo que la primera vez que Rosita y yo fuimos a almorzar a un restaurante en Madrid, pedimos una ensalada mixta y un arroz con cerdo[25] pensando

---

[19] nearby
[20] *bolsa...* paper bag
[21] they endure
[22] *en...* in short

[23] *los...* the poor ones
[24] *a...* unless
[25] pork

que estábamos ordenando un almuerzo soberbio[26]. El camarero anotó la orden y nos preguntó en seguida:

—¿Y de segundo qué desean?

—¿De segundo?

—Sí, señor, de segundo plato. ¿Qué les parece un entrecote[27] con patatas, o unos riñones al jerez[28]?

En un país donde una botella de vino ordinario cuesta lo mismo o menos que una Coca-Cola, uno debe de estar preparado para cualquier cosa.

Los estómagos extranjeros, por otra parte, tienen que acostumbrarse no sólo a la cantidad sino también a la sazón[29] característica de la comida española; ésta no es picante[30] como la comida mexicana; en los Estados Unidos generalizan erróneamente cuando llaman *"Spanish food"* a la comida mexicana, pues muchos de los platos mexicanos más típicos utilizan ingredientes y especias[31] locales que no se usan en España. Pero sí es verdad que el ajo[32] y el aceite de oliva[33] son dos ingredientes básicos de la cocina española a los que hay que acostumbrarse. Aun Rositina y yo, que crecimos comiendo platos sazonados[34] al estilo español, encontramos que nuestros estómagos se quejaban[35] a menudo: nuestro gusto por algunos de los platos españoles más fuertes retornó antes que nuestra capacidad para digerirlos[36]. Así nos sucedió, por ejemplo, con las gambas al ajillo[37]: éramos lo suficientemente testarudos[38] para comerlas frecuentemente aunque sabíamos que eran dinamita para nuestros pobres sistemas digestivos acostumbrados ya a la suave sazón norteamericana.

Los españoles, por supuesto, no creen que su comida sea pesada[39]; al contrario, afirman que es la más saludable[40] del mundo, y sería difícil sorprender a un español castizo con un vaso de Alka-Seltzer en la mano. Cuando ellos veían que uno

---

[26] superb
[27] beefsteak
[28] *riñones...* kidneys in sherry sauce
[29] seasoning
[30] spicy
[31] spices
[32] garlic
[33] *aceite...* olive oil
[34] seasoned
[35] *se...* complained
[36] digest them
[37] *gambas...* shrimp cooked in garlic
[38] stubborn
[39] difficult to digest
[40] healthy

de sus platos nos había caído mal[41], nos preguntaban si habíamos tomado vino o agua mineral con la comida. Y si decíamos que no, sus ojos se iluminaaban:

—¡Claro, por eso les cayó mal!

Pues su fe en el vino y el agua mineral como digestivos indispensables es casi religiosa. En esto se parecen a los franceses. Si uno lee la etiqueta[42] de una botella de agua mineral en Francia o en España, se entera de[43] que no sólo es buena para la digestión sino también para la artritis, los riñones y varias enfermedades extrañas. Uno se pregunta[44] cómo en estos países permiten vender el agua mineral sin receta médica[45].

Pero poco a poco nuestros cuerpos y nuestra psicología iban adaptándose al ritmo y a la idiosincrasia de España. Todavía nos parecía que doña Asunción tenía un concepto muy personal del término "agua caliente", pero estas incomodidades[46] eran pequeñas en comparación con el privilegio de participar en un modo de vida que es, en última instancia, profundamente racional y civilizado. En vez de la prisa y el ajetreo[47] que caracterizan a la vida urbana en otros países, el español, aun en las grandes ciudades, todavía encuentra tiempo para trabajar, conversar reposadamente[48] con sus amigos todos los días, tomar sus comidas en casa y acostarse tarde sin tener la preocupación de tener que levantarse temprano al día siguiente. Nos alegramos, sobre todo, de haber venido a España cuando esta manera de vivir existe todavía. Ese tráfico que congestiona las calles de Madrid, esos innumerables edificios de apartamentos modernos que se levantan en sus afueras, anuncian tal vez el fin inminente de todo un sistema de valores. Pero hasta ahora, afortunadamente, la palabra inglesa *commuter* no ha encontrado una traducción exacta al español.

---

[41] *nos...* had not agreed with us
[42] label
[43] *se...* finds out
[44] *Uno...* One wonders
[45] *receta...* prescription

[46] inconveniences
[47] *la...* the hustle and the bustle
[48] calmly

❦ *EJERCICIOS*

I │ **Preguntas**

1. ¿Por qué expresó sorpresa el guardia de frontera cuando el profesor habló en español?
2. ¿Por qué les fue difícil al profesor y a su esposa adaptarse al ruido de Madrid?
3. ¿Cuál es el horario de las tiendas de Madrid?
4. ¿Qué problema tienen muchos norteamericanos con las horas de las comidas en España?
5. ¿Qué son las tapas?
6. Las tapas son también una importante ocasión social para los españoles. Dé una razón.
7. La señora española del hostal cree que los norteamericanos solamente comen una vez al día. ¿Por qué cree ella eso?
8. ¿Qué quiere decir el término *Spanish food* para muchos norteamericanos? ¿Es éste un término muy exacto? ¿Por qué?
9. Según los españoles y los franceses, ¿por qué es bueno comer con agua mineral?
10. ¿Qué opinión tiene el profesor del modo de vida español?

II │ **Vocabulario**

A. *Relaciones*

¿A qué categorías pertenecen estos alimentos? ¿Marisco, pescado, carne, ingrediente o bebida?

el jamón	las sardinas	las gambas	los riñones
el vino	el entrecote	el aceite	la cerveza
el pulpo	las especias	el calamar	el agua mineral
la leche	el ajo	el cerdo	la sazón

B. *Definiciones*

Encuentre en la segunda columna las palabras que corresponden a las definiciones de la primera columna.

1. La intersección de dos calles.
2. Una composición musical.
3. El papel de una botella donde se describe su contenido.
4. La comida que se come por la noche en España.
5. La prescripción que da un médico para comprar medicinas.
6. El gusto que tiene una comida debido a las especias.
7. Una enfermedad que afecta las articulaciones (*joints*) del cuerpo.
8. Una tienda, oficina o lugar de comercio.
9. El cliente de un bar o de un restaurante.
10. Virtud de una cosa que es buena para el cuerpo.

cocina
vaso
idiosincrasia
canción
esquina
pesado
tensión
artritis
céntrico
saludable
sazón
receta
negocio
cena
etiqueta
parroquiano

Ahora, dé usted sus propias definiciones de estos términos:

un guardia de frontera
el *Top Ten*
un psiquiatra

un vino ordinario
Alka-Seltzer
una comida pesada

III │ Ideas y creencias

A. *Comentarios*

1. ¿Cree usted que sería fácil introducir la costumbre de las tapas en los Estados Unidos? ¿Por qué sí o por qué no?
2. Todos necesitamos escapar de la rutina y las tensiones de la vida diaria. ¿Qué cosas hace usted, qué actividades practica para conseguir ese propósito? ¿Es usted un norteamericano típico en ese aspecto?

3. ¿Cómo explica usted en español el significado de la palabra *workoholic*? ¿Qué problema del modo de vida norteamericano expresa esta palabra?
4. Si usted aspira a ser un turista de *blue jeans,* es muy importante que usted esté dispuesto a adaptarse a las costumbres, comidas, etc. de otros países. Imagine, por ejemplo, que usted está en un café de Madrid y un español le ofrece, con mucha cortesía, una tapa de calamares. ¿Qué hace usted? Justifique su respuesta.
5. El profesor ha descrito un típico bar español. ¿En qué se diferencia de un típico bar norteamericano? ¿Qué contrastes culturales sugiere esa comparación?

B. *Puntos de vista*

¿Le parecen extrañas algunas costumbres de los españoles? Pues, trate de explicarle a un español el significado de estos términos:

1. A brunch
2. To brownbag
3. Open 24 Hours
4. No shoes. No shirt. No admittance.
5. Eat where the truckdrivers (*camioneros*) do.
6. Restrooms (*servicios*) for customers only

IV | Proyecto de clase

Imaginar que adoptamos un horario similar al de España en nuestra vida universitaria norteamericana. La clase deberá discutir y adoptar un horario más placentero y "civilizado" que el que ahora tenemos.

V | Ejercicio escrito

Los norteamericanos, como los españoles, se preocupan de su dieta (*diet*) y de su salud (*health*), pero de maneras diferentes. Describa algunas preocupaciones típicas de los norteamericanos en este aspecto. Estas palabras, por ejemplo, pueden ayudarle a pensar en algunas de esas preocupaciones:

vitaminas	desayuno	calorías	comida vegetariana
correr	bocadillo	adelgazar	hacer ejercicio
régimen	dulces	proteína	comida orgánica
libras	grasa	gimnasia	carbohidratos
engordar	yoga	deportes	colesterol
merienda	pesa	natación	peso (*weight*)

Personalmente, ¿qué cosas le preocupan a usted de manera especial sobre su dieta o su salud?

✣ V

Españoles de profesión

"Soy español de profesión[1]", dijo una vez Miguel de Unamuno, el gran escritor y filósofo contemporáneo (1). Y este
profundo españolismo es compartido[2] por la mayoría de sus
compatriotas. El español, como el ciudadano de cualquier nación, es capaz de ver los defectos de su país y de criticarlos
(nadie criticó más a España que Unamuno), pero sus críticas
se producen casi siempre en el contexto de un nacionalismo
inequívoco. La paciencia con que el norteamericano, por
ejemplo, escucha y analiza las críticas más negativas que los
extranjeros hacen a su país, es una actitud poco común en
España. El extranjero que visite España deberá desplegar[3] el

---

[1] *de...* by profession   [3] show
[2] shared

desplegar - tener, mostrar

mayor tacto al hacer cualquier comentario crítico sobre el país, pues, de lo contrario[4], su interlocutor podrá tomarlo de una manera personal, y ofenderse.

Este rasgo[5] del carácter español se manifiesta especialmente en el orgullo[6] con que recuerda las contribuciones que ha hecho España a la historia y a la cultura del mundo occidental. En este sentido, quizás se pueda acusar a los españoles de ser un tanto[7] "chauvinistas", pero también es cierto que, con la posible excepción de Inglaterra, tal vez ningún otro país pequeño haya tenido un impacto mayor en la historia y en la cultura del Occidente. No es sólo el hecho de que esta nación, cuya superficie territorial es aproximadamente igual a la del estado de Texas, consiguiera[8] convertirse, en el siglo XVI, en el país más poderoso del mundo; o que, en el proceso, descubriera y conquistara un nuevo mundo al otro lado del Atlántico. Es que[9], aun cuando comienza su decadencia en el siglo XVII, España continúa contribuyendo de modo muy significativo a la cultura occidental. Algunas de esas contribuciones son bien evidentes: ¿qué persona que se interese en la pintura[10] puede pasar por alto[11] las obras del Greco, Velázquez y Goya (2); otras, en cambio, son menos conocidas; no suele dársele[12] a España, por ejemplo, suficiente crédito por una de sus contribuciones literarias más importantes: el hecho de que la novela picaresca (3) y el *Quijote* (1605; 1615) de Cervantes sirvieron, en buena medida[13], como modelos que utilizaron los escritores europeos del siglo XVIII para desarrollar[14] las técnicas de la moderna novela realista. Los españoles leen con placer esas palabras de Henry Fielding en su *Joseph Andrews* donde dice que su novela está escrita "in imitation of the manner of Cervantes".

Aun en nuestro siglo, cuando España sufrió su peor momento de decadencia política después de su humillante derrota[15] a manos de los Estados Unidos en la guerra de 1898 (4), este pequeño país continuó contribuyendo a la cultura

---

[4] *de*... otherwise
[5] trait
[6] pride
[7] *un*... a little
[8] succeeded in
[9] *Es*... The fact is that

[10] painting
[11] *pasar*... ignore
[12] *no*... (Spain) isn't normally given
[13] *en*... to a large extent
[14] to develop
[15] defeat

rasgo :

universal en forma desproporcionada a su tamaño[16], población
y poder material. ¿Podemos imaginar el arte moderno sin las
figuras de Pablo Picasso, Salvador Dalí, Juan Gris, Joan Miró,
Luis Buñuel (5)...? Pero aparte de tales aportes[17] específicos,
quizás lo más sorprendente[18] es la persistente vitalidad que
ha mantenido la cultura española en América, en las cosas que
más cuentan: en la lengua, en las costumbres, en el carácter
del hispanoamericano; el hecho de que hoy, casi quinientos
años después del descubrimiento de Cristóbal Colón, los niños de Lima o Bogotá crezcan[19] hablando la misma lengua
que se habla en Madrid, oyendo canciones de cuna[20] que
todavía se cantan en Navarra o Aragón.

Los españoles están bien conscientes de esos logros[21] y,
como ciudadanos de un país pequeño y orgulloso de su tra-
dición, no vacilan[22] en proclamarlos, sin rubor[23] ni falsa modestia. Me acuerdo que cuando nosotros visitamos la iglesia
de Santo Tomé, en Toledo, donde se halla *El entierro del
Conde de Orgaz*[24] del Greco, el guía[25] que nos enseñó el lugar
nos dijo, con firme convicción muy española:

—Las cuatro pinturas mejores del mundo son las siguientes:
la *Mona Lisa* de da Vinci, *La ronda nocturna*[26] de Rembrandt,
Las Meninas[27] de Velázquez y *El entierro del conde de Orgaz*
del Greco. La *Mona Lisa* está en el Louvre, la obra maestra
de Rembrandt en un museo de Amsterdam, *Las Meninas* en
el Museo del Prado, y *El entierro...*— y con un gesto dramá-
tico abrió la cortina que cubría la monumental obra maestra
del Greco.

Quizás de ningún hecho de su historia estén tan orgullosos
los españoles como del descubrimiento de América. Les molesta[28] que los italianos asocien a su país con esta gran hazaña[29] histórica, ya que[30] piensan que el hecho de que Cristóbal Colón naciera en Génova, Italia, no tiene nada que ver[31]

---

[16] size
[17] contributions
[18] *lo...* the most surprising thing
[19] pres. subj. of *crecer*, grow
[20] *canciones...* lullabies
[21] accomplishments
[22] hesitate
[23] blushing

[24] *El...* The Burial of Count Orgaz
[25] guide (person)
[26] *La...* The Night Watch
[27] *Las...* The Ladies in Waiting
[28] *Les...* It annoys them
[29] deed, exploit
[30] *ya...* since
[31] *no...* has nothing to do with

con el descubrimiento, el cual fue una empresa[32] exclusivamente española. En el pasado, algunos historiadores[33] españoles trataron de demostrar que Colón nació realmente en España. Uno de ellos lo daba como gallego[34]. Otro intelectual, admitiendo que el Almirante[35] probablemente fue natural de[36] Génova, ha propuesto referirse a él como "navegante[37] español nacido en Italia".

La sensibilidad española fue especialmente ofendida cuando en 1965 la Universidad de Yale anunció que se hallaba en posesión de un antiguo mapa hecho en Europa hacia 1440, el *Vinland Map*, que confirmaba la teoría de que los vikingos de Leif Erickson exploraron la costa noreste de Norteamérica siglos antes de la expedición de Colón. El mapa, en efecto, mostraba, en forma rudimentaria pero asombrosamente exacta, las islas de Islandia, Groenlandia, y otra "isla", Vinlandia, donde podía fácilmente identificarse el perfil[38] de la costa norteamericana. Los periódicos españoles llamaron a la gran publicidad que recibió el mapa "el *show* de Yale", y un periodista[39] madrileño expresó bien el sentimiento español al decir que "con los viajes de Erickson se quiere restar[40] mérito a la gesta[41] española". Pero a los españoles les tocó reír último[42]: años después, en 1974, se anunció que el famoso mapa era una falsificación: se había descubierto que la tinta[43] con que fue dibujado[44] contenía un ingrediente químico que no se empezó a usar comercialmente hasta 1920. España toda lanzó un suspiro de alivio[45]. Y había que ver[46] la fruición, el gusto con que los periódicos y revistas de Madrid describieron los más pequeños detalles[47] de la falsificación. Alguien comentó entonces, en relación con el incidente del falso mapa de Vinlandia:

---

[32] undertaking
[33] historians
[34] *lo...* considered him Galician
[35] Admiral (Columbus)
[36] *natural...* native of
[37] navigator
[38] outline
[39] journalist
[40] to take away

[41] exploit
[42] *les...* had the last laugh
[43] ink
[44] drawn
[45] *lanzó...* breathed a sigh of relief
[46] *había...* it was something to behold
[47] details

—Lo que más les molestó a los españoles no fue que quisieran atribuirles el descubrimiento de América a los vikingos; lo que realmente les molestó fue que los italianos se sintieran ofendidos.

Otro de los grandes motivos de orgullo de los españoles es el Museo del Prado de Madrid. El Prado, para ellos, es, más que un museo, una institución nacional, un símbolo de la antigua supremacía de España que ha logrado sobrevivir hasta el presente.

—El que quiera ver la mejor colección de pinturas de Europa tiene que venir a Madrid.

Estas palabras me las dijo uno de los huéspedes del hostal. Este hombre no es un experto en arte, pero sus palabras expresaban un credo nacional.

Objetivamente hablando, por supuesto, sería difícil, si no imposible, decir si la colección del Prado es superior o inferior, por ejemplo, a la del Louvre o a la de la Galería Uffizi de Florencia. Esto depende, más bien[48], de las preferencias personales de cada individuo. Pero no hay duda de que el Prado es uno de los tres o cuatro museos de arte más importantes del mundo. La colección del Louvre, por ejemplo, es más completa, tiene mayor variedad y equilibrio. El Prado, en cambio, es una pinacoteca, es decir, un museo sólo de pinturas, y los tres mil y pico cuadros[49] que se exhiben en sus paredes no fueron adquiridos siguiendo un plan general: la mayoría de ellos fue originalmente propiedad de los reyes de España, quienes los compraban siguiendo sus respectivos gustos personales. Y el resultado es una colección algo desigual[50]: muy completa en ciertas áreas, deficiente en otras.

El derecho del Prado a figurar entre los grandes museos del mundo reside, más bien, en otros factores. Es, por supuesto, el lugar por excelencia para admirar las obras de los grandes maestros de la pintura española, con el Greco, Velázquez y Goya a la cabeza[51]. Pero sus méritos sólo comienzan ahí. Pocos museos pueden competir con el Prado en cuanto al número

---

[48] *más...* rather
[49] *tres...* more than three thousand paintings
[50] *algo...* somewhat uneven
[51] *a...* at the fore

de obras maestras que contiene. No es sólo, por ejemplo, que
Rafael Sanzio esté representado allí, sino que está representado por uno de sus mejores cuadros, *El cardenal*. Y lo mismo
podría decirse de Tiziano, Rubens, El Bosco, Rogier van der
Weyden... La lista sería casi interminable y su valor monetario
imposible de estimar. En 1970, por ejemplo, un óleo[52] de Velázquez, su *Retrato*[53] *de Juan de Pareja* fue vendido en subasta[54] pública por 5.544.000 dólares. Y éste no es uno de sus
mejores cuadros sino un retrato de su criado[55], Juan de Pareja,
que Velázquez pintó para practicar. ¿Cuánto valen, entonces,
las veintiséis obras maestras de Velázquez que cuelgan en el
Prado? Pero, de nuevo, es su valor simbólico, más que su valor
material o puramente artístico, lo que da al Prado su lugar
único en la conciencia española.

Un día le pregunté al mismo huésped del hostal:

—¿Y usted cree que debe considerarse a Picasso como un
pintor realmente español? Después de todo, él vivió la mayor
parte de su vida en Francia y yo creo que los franceses lo
clasifican como un "pintor francés nacido en España".

Mi amigo me miró con cara de compasión.

—El que no vea la presencia de España en la obra de Picasso, no conoce ni a Picasso ni a España.

✦ Notas

1. Miguel de Unamuno (1864–1936) ha sido uno de los intelectuales más distinguidos de la España moderna. Fue uno
   de los primeros filósofos existencialistas de Europa. Se in-
   teresaba menos en los conceptos filosóficos abstractos que
   en el ser humano individual, concreto, "el hombre de carne
   y hueso" y su principal problema: el hambre de inmorta-
   lidad. Para él, ser español era una parte esencial del hombre
   concreto llamado Miguel de Unamuno.
2. Estos tres maestros representan tres grandes momentos del
   arte español y universal. El Greco (1541–1614) fue el pin-

[52] oil canvas
[53] portrait
[54] auction
[55] servant

tor de la España religiosa de Felipe II. Su verdadero nombre era Domenico Theotocopulos, pero le llamaban el Greco porque había nacido en Grecia. Primero, recibió en Italia la influencia del Renacimiento y su arte de perfectas proporciones. Pero después vino a vivir a España, a la ciudad de Toledo, y allí su arte se transformó en favor de lo espiritual y lo religioso: sus figuras alargadas (*elongated*) representan santos y seres humanos que parecen querer escapar del mundo y alcanzar el cielo. La España de Diego de Silva Velázquez (1599–1660) fue, en cambio, la España decadente del siglo XVII, concentrada en la Corte de Madrid. Velázquez fue el pintor oficial del rey y por eso tenía que pintar constantemente a los miembros de la familia real, a los nobles de la Corte. Como compensación, pintó esos temas convencionales con técnicas revolucionarias; su uso de la luz y de la composición fueron magistrales (*masterly*). Francisco de Goya (1746–1828) fue también pintor del rey, pero en sus años maduros se convirtió en un severo crítico de la sociedad de su tiempo. En sus últimos años, su pintura se volvió hacia lo irracional y lo absurdo. En sus *Pinturas negras,* por ejemplo, Goya es ya el artista moderno que expresa una visión radicalmente negativa del mundo; un mundo en el que triunfan las imágenes monstruosas.

3. Las novelas picarescas (*picaresque novels*) se escribieron en España durante los siglos XVI y XVII, comenzando con el *Lazarillo de Tormes* (1554).
4. En esta guerra contra los Estados Unidos, España perdió a Cuba y Puerto Rico, sus últimas posesiones coloniales en América, así como a las Islas Filipinas. Las demás colonias españolas de América habían ganado su independencia entre 1810 y 1825.
5. Picasso, naturalmente, no necesita presentación, ni tampoco Salvador Dalí, el genial y excéntrico pintor surrealista. El madrileño Juan Gris y el catalán Joan Miró son también maestros de la pintura contemporánea, el primero asociado—junto a Picasso y Braque— con el cubismo; el segundo, con el surrealismo. Luis Buñuel aplicó al cine las técnicas surrealistas y se convirtió en uno de los más admirados e influyentes directores de cine del mundo.

❧ EJERCICIOS

I | Preguntas

1. Según el profesor, ¿cuál es la actitud típica de los norteamericanos cuando un extranjero critica a los Estados Unidos? ¿Está usted de acuerdo?
2. ¿Tienen los españoles una actitud similar cuando un extranjero critica a España?
3. ¿Por qué compara el profesor a España con Inglaterra?
4. ¿Por qué dice él que España ha contribuido a la cultura occidental "en forma desproporcionada a su tamaño"?
5. ¿De qué hecho de su historia están especialmente orgullosos los españoles?
6. ¿Dónde nació Cristóbal Colón? ¿Es esto importante, según los españoles? ¿Por qué?
7. ¿Qué hecho parecía demostrar el mapa de Vinlandia? ¿Por qué dice el profesor que a los españoles "les tocó reír último" en relación con ese mapa?
8. ¿Es importante el Museo del Prado solamente por las pinturas españolas que se exhiben en él? Comente.
9. Algunos libros sobre la historia del arte clasifican a Picasso como un pintor francés. ¿Por qué?

II | Vocabulario

A. *Sinónimos*
Sustituya las palabras en itálicas por otras sinónimas de la lista. Haga las necesarias adaptaciones de género y número (*gender and number*).

1. España ha hecho grandes *contribuciones* al arte occidental.	pintor
	obra
2. Ella pintó un *cuadro* de su hija.	historiador
3. El nacionalismo es *una característica* importante de los españoles.	criado
	logro
	aporte
4. Es imposible estimar el *costo* de las pinturas del Prado.	retrato
	derrota

5. En la época de Velázquez, no muchos pintores tenían *sirvientes*.
6. El descubrimiento de América fue *un gran hecho* de España.
7. *El trabajo* de Joan Miró se aprecia mucho hoy.

rasgo
monetario
hazaña
valor
orgullo
novela

B. *Asociaciones*
¿Con qué palabras del primer grupo es posible asociar las del segundo grupo?

tinta   navegante   monumental
óleo   guía   canción de cuna
entierro   isla   rubor

cuadro   niños   turista
tierra   tamaño   escribir
muerte   rojo   mar

C. *Respuestas*
Un alumno da su nombre imaginario, otro alumno le dice quien es. Luego, otros estudiantes pueden añadir nombres adicionales similares a los de la lista. Por ejemplo:

ALUMNO 1   —Soy el Greco
ALUMNO 2   —Eres un pintor español del siglo XVI.

Salvador Dalí   Amerigo Vespucci
Miguel de Unamuno   Jean-Paul Sartre
Juan de Pareja   Leif Erickson
Miguel de Cervantes   Isabel de Castilla
Federico Fellini   Francisco de Goya

III | Ideas y creencias

A. *Comentarios*
1. Los españoles tienden a hablar de los logros de su país con orgullo, sin falsa modestia. ¿Y los norteamericanos?

¿Es que éstos tienen la tendencia contraria, es decir, la de hablar demasiado de sus defectos? Comente.

2. ¿En qué aspectos específicos cree usted que los Estados Unidos han contribuido a la cultura occidental?

3. Henry Kissinger nació en Alemania; Bob Hope, en Inglaterra. ¿Cree usted que uno debe referirse a ellos como "el estadista (*statesman*) alemán" y "el actor cómico inglés", respectivamente? ¿Por qué sí o por qué no?

4. En relación con la controversia Cristóbal Colón vs. Leif Erickson, ¿qué versión del descubrimiento de América aprendió usted en la escuela elemental o secundaria? ¿Qué piensa de eso ahora?

5. Las obras de arte han alcanzado precios fabulosos en años recientes. ¿A qué atribuye usted esto? ¿Es que la gente aprecia el arte hoy más que antes, o hay otras razones? ¿Cuáles?

B. *Puntos de vista*
Imagine que usted tiene que explicarle a un español el significado de las siguientes frases. ¿Cómo las explica usted en cada caso?

1. America. Love it or leave it.
2. See America first.
3. American knowhow.
4. The American way.

¿Revelan estas frases un cierto chauvinismo nacional? ¿Por qué sí o por qué no?

IV | Proyecto de clase

Primero, los alumnos de la clase tratarán de mencionar hechos o momentos de la historia norteamericana que correspondan a estas definiciones.

1. Un gran momento histórico.
2. Una gran hazaña militar.
3. Un momento de crisis nacional.
4. Una empresa tecnológica monumental.

5. Un descubrimiento científico importante.
6. Un símbolo legítimo de la nación.
Segundo, comparar las diferentes respuestas para determinar semejanzas o diferencias entre ellas, y discutir qué percepciones sobre los Estados Unidos sugieren los resultados.

V │ Ejercicio escrito

Si usted viaja al extranjero posiblemente se encontrará con ciudadanos de otros países que tienen una actitud crítica hacia los Estados Unidos. Imagine que usted sostiene un diálogo con una de esas personas, en particular con un europeo recalcitrante. ¿Cómo contestaría usted las siguientes críticas? Trate de ilustrar sus respuestas con ejemplos específicos.
La influencia de los Estados Unidos en el mundo se debe exclusivamente a su poder económico.
Ustedes tienen los dólares, pero si quieren ver cultura y arte tienen que venir a Europa.
Ustedes no son muy creativos. Lo que hacen es importar intelectuales y científicos de otros países y ponerlos a trabajar para beneficio de ustedes. El único producto original de los Estados Unidos es la Coca-Cola.
Cuando ustedes se interesan por otros países es casi siempre por motivos económicos y egoístas.
Los norteamericanos, con su política agresiva, son responsables de casi todos los problemas internacionales que existen hoy día.

✧VI

Orgullo y honor hispánicos

(Notas escritas en un café de Madrid)

Un escritor norteamericano se preguntaba una vez por qué si una persona en los Estados Unidos habla inglés con acento francés esto es considerado como algo muy *chic*; en cambio, un individuo que hable con acento español o italiano está expuesto a que se le discrimine. La conclusión de dicho[1] escritor: el prestigio de las lenguas depende en buena medida[2] del prestigio de las culturas con que se las identifica; en el caso del francés, los norteamericanos siempre han sentido un respeto instintivo hacia la cultura y el refinamiento de Francia, mientras que asocian el español y el italiano con minorías étnicas generalmente pobres y poco educadas.

Los que enseñamos español en los Estados Unidos tene-

---

[1] above-mentioned   [2] *en...* to a large extent

mos, por lo tanto[3], un problema doble: por una parte, tratar de enseñar la lengua misma; por otra, esforzarnos[4] para que el alumno adquiera una cierta apreciación y respeto por la cultura hispánica, y combatir los prejuicios que tradicionalmente la han presentado como una "cultura inferior" y han tendido a ridiculizarla. Éste es un problema que tiene viejas raíces[5] históricas, étnicas y sociales, pero, aun en nuestros días, los medios de prensa, radio y televisión tienden a perpetuar esos estereotipos que resultan, además, ofensivos y humillantes para los millones de hispanos que viven en los Estados Unidos.

En la televisión norteamericana, por ejemplo, es raro ver que a una actriz o a un actor hispano se le dé un papel[6] serio. Un actor tan competente y refinado como el mexicano Ricardo Montalbán estuvo condenado por muchos años a hacer el papel superficial y estereotipado del "amante latino". Y aún más frecuente es que el personaje hispano aparezca en la televisión como un tipo cómico, ridículo, que hace gestos[7] exagerados y habla un español rapidísimo y estridente o un inglés que nadie entiende; su vocabulario incluye invariablemente las palabras "sí, señor", "chihuahua", "tacos", "tamales" y "tortillas"; para colmo[8], casi siempre hay un actor norteamericano que trata de comunicarse con él en un "español" formado por palabras inglesas mal pronunciadas y precedidas por el artículo *el*: por ejemplo, "el televisiono". De vez en cuando, los productores de los programas de televisión hacen un esfuerzo por presentar una versión más seria de las minorías hispanas y de los problemas que éstas confrontan; pero esos intentos[9], aunque bien intencionados, contribuyen a perpetuar la imagen del hispano como un ser pobre, discriminado y que a menudo sufre de un complejo de inferioridad (*"You don't want to go out with me because I'm Spanish?"*).

El español de carne y hueso[10] es, ciertamente, un ser totalmente diferente al que presentan esas caricaturas de la televisión norteamericana: un individuo orgulloso, digno, con un

---

[3] *por...* therefore
[4] to make an effort
[5] roots
[6] role

[7] gestures
[8] *para...* to top it off
[9] attempts
[10] *de...* real

profundo sentido de su valor[11] como persona; no importa cual sea su ocupación o su nivel social, espera siempre que se le trate con debido respeto. El extranjero que visita España no tarda en captar[12] esto, aunque a veces tenga que recibir una "lección preliminar". Yo tuve un alumno, por ejemplo, que vino a España y la primera vez que fue a un restaurante con un grupo de amigos, empezó a llamar al camarero en voz alta:

—¡Eh, mozo, mozo! —entre risas de sus amigos norteamericanos, que encontraban su español muy gracioso[13].

Pero el camarero en cuestión ni vino a su mesa ni se dio por enterado de[14] que mi alumno y sus amigos estaban allí. Por fin, mi alumno, que es un muchacho inteligente, se dio cuenta del problema; aprovechó[15] un momento en que el camarero pasó cerca de su mesa y le dijo en voz baja:

—Señor...

Un momento después, el camarero se les acercó y, muy serio, les preguntó:

—¿Qué desean pedir los señores?

Mi alumno, claro, había cometido varios errores fundamentales. En primer lugar, supuso que estaba bien hacer en un restaurante español lo que no hubiera hecho en un restaurante norteamericano: llamar al camarero en voz alta en vez de esperar a que éste viniera a tomar su orden. En segundo lugar, la manera de llamar al camarero, entre risas y chistes[16] en inglés de sus amigos, fue impropia e irrespetuosa: el camarero debió pensar que lo estaban tratando como a un ser inferior y burlándose de[17] él. Por último, aunque la palabra *mozo* es una traducción correcta de *waiter,* también quiere decir *joven, muchacho,* y *un hombre que sirve en oficios humildes*[18]; o sea, es una palabra que puede sugerir una condición de inferioridad.

Mi estudiante, por otra parte, tuvo el suficiente sentido común para corregir su error: cuando trató al camarero de "señor", le devolvió a éste su sentido de dignidad, que es algo tan importante para el hispano. El español cree en las

---

[11] worth
[12] observe
[13] funny
[14] *se...* acknowledged

[15] took advantage of
[16] jokes
[17] making fun of
[18] *oficios...* menial jobs

captar - ver

jerarquías[19] y las acepta como parte normal de la estructura social; pero cuando se trata de ese valor fundamental—su orgullo y su dignidad personal—entonces no reconoce jerarquías: él es tan "señor" como cualquiera. Autores como Américo Castro y Fernando Díaz Plaja han visto este rasgo de la personalidad hispana como un remanente[20] de la actitud "imperial", altiva[21], que este pueblo adquirió en el siglo XVI, cuando España era la nación más poderosa y respetada de la Tierra, cuando el español, no el francés, era la lengua internacional de la diplomacia europea; y si el país decayó[22] luego, los españoles, aun los más humildes, han conservado hasta hoy esa mentalidad de "hidalgo"[23].

Cada español necesita saber, sobre todo, que esa dignidad personal es reconocida y respetada por los demás miembros de la sociedad. Por eso, el famoso sentido del honor hispano tiene siempre dos aspectos: uno íntimo, pues la persona necesita tener una imagen de sí misma que sea compatible con su concepto de la dignidad personal, y otro público, ya que esa imagen debe mantenerse intacta ante los ojos de la sociedad. Tan importante es esto, que la Constitución española de 1978 es la única en el mundo que considera el honor como un derecho fundamental; su artículo 18 dice: "Se garantiza el derecho al honor, a la intimidad personal y familiar y a la propia imagen".

Este derecho a preservar "la propia imagen" corresponde, más o menos, al *self-respect* inglés, pero en el español puede adquirir características obsesivas, especialmente en ciertas áreas como la del honor familiar (la reputación de los miembros femeninos de la familia, la obediencia y respeto que deben los hijos a los padres, por ejemplo). La abundancia de crímenes pasionales en los países hispánicos es prueba de la facilidad con que el carácter hispano puede reaccionar en forma violenta e irracional cuando se viola uno de estos valores fundamentales. En general, el hombre hispano, que con frecuencia muestra una actitud sexualmente agresiva con las mujeres extranjeras, tiene más cuidado[24] cuando se trata de

[19] hierarchies
[20] remnant
[21] proud
[22] declined
[23] nobleman
[24] *tiene...* is more careful

una mujer hispana; si ésta va en compañía de otro hombre, normalmente se abstiene incluso[25] de mirarla. Rositina y yo presenciamos un incidente en un café de Madrid que ilustra bien esto. Un matrimonio[26] español estaba sentado a una mesa cerca de nosotros. De pronto, el hombre se levantó y, tomando la botella de licor que tenía delante, se acercó a otra mesa donde estaban sentados dos individuos. Nuestro hombre era pequeño y delgado, mientras que los otros dos eran altos y fornidos[27], pero nuestro vecino de mesa, sin vacilar[28], se detuvo ante ellos, botella en mano, y les dijo en actitud beligerante:

—¿Por qué han estado ustedes mirando a mi mujer?

Los otros dos se quedaron pasmados[29] y negaron la acusación, pero el esposo agraviado[30] continuó retándolos[31], siempre con su botella en la mano. Y lo curioso es que un minuto después, los dos "matones"[32] se vieron rodeados de[33] cinco o seis hombres (el dueño del café, dos camareros, varios clientes) que espontáneamente habían venido a asistir al marido ofendido: instintivamente, habían venido al rescate[34] del honor español. No es necesario decir que los dos ofensores[35] optaron por retirarse precipitadamente. Y es importante observar que esa manera de reaccionar puede ocurrir en cualquier clase social; el español más educado es capaz de responder en forma violenta cuando su sentido del honor se siente amenazado[36].

Pero el honor hispánico no se limita a cuestiones del sexo o de la familia; se extiende a todos los aspectos de la conducta del individuo e incluye su manera de actuar en su trabajo o en sus negocios. El hombre de negocios hispano, por ejemplo, muestra especial preocupación por mantener su "buen nombre"; expresiones como "mi palabra de honor" son parte esencial de su vocabulario; para él, su reputación personal y su reputación comercial son indivisibles. Como ha observado

---

[25] even
[26] married couple
[27] muscular
[28] *sin...* without hesitating
[29] stunned
[30] offended

[31] challenging them
[32] bullies
[33] *rodeados...* surrounded by
[34] *al...* to the rescue
[35] offenders
[36] threatened

fornidos - ser fuerte, musculoso

un autor norteamericano, el empresario[37] hispano es a menudo muy conservador, vacila en asumir riesgos[38] comerciales, pues si el negocio fracasa[39] ello significará no sólo un desastre económico sino también un descrédito para su reputación como individuo.

Lo mismo puede decirse de las personas que ocupan puestos oficiales en los gobiernos de los países hispánicos: su sentido de dignidad personal necesita ser mantenido a toda costa y es tan importante como los intereses políticos o económicos del gobierno que representan. Por desgracia[40], los gobiernos de los países más poderosos, incluyendo el de los Estados Unidos, no siempre han estado al tanto[41] de esta característica; con frecuencia, sus representantes oficiales han mostrado una actitud arrogante o de amable superioridad que el hispano toma fácilmente como una afrenta[42] personal. Parece que esos estereotipos de que hablaba antes han tenido su impacto aun entre algunos gobernantes[43].

Finalmente, el honor hispano parece diseñado[44] para defender, más que nada, la dignidad masculina. Cuando se habla del honor de la mujer, es, normalmente, para referirse a la obligación que tiene ésta de mantener su decoro y su castidad, su fidelidad al novio o al marido, y es más frecuente el uso de la palabra *honra* para aludir a ese honor femenino. Esto revela, por supuesto, el papel subordinado que ha tenido la mujer en la sociedad hispánica, y el hecho de que su esfera[45] de actividades ha estado tradicionalmente confinada al círculo de la familia. Así, cuando se habla de un "hombre honrado" se quiere decir un hombre honesto en sentido general; en cambio, una "mujer honrada" es una mujer que tiene honra, es decir, que es virtuosa en sus relaciones con el sexo opuesto.

Sería un error, sin embargo, imaginarse a la mujer española como un ser necesariamente pasivo y humilde; por el contrario: es, por temperamento, tan orgullosa como el hombre. En

---

[37] entrepreneur
[38] risks
[39] fails
[40] *Por...* Unfortunately
[41] *al...* aware

[42] insult
[43] rulers
[44] designed
[45] sphere

el pasado, ha sentido tanta necesidad de defender su honra como el hombre de defender su honor; en el futuro, a medida que[46] la mujer española se incorpore más y más a la vida pública del país, será cada vez más difícil mantener esas distinciones artificiales; el orgullo innato[47] de la mujer hispana exigirá ser reconocido en todos los aspectos de su nuevo papel en la sociedad.

❧ *EJERCICIOS*

I | **Preguntas**

1. ¿Por qué no es *chic* en los Estados Unidos hablar con acento español?
2. ¿Qué tienen que combatir los profesores de español?
3. ¿Cómo presentan al personaje hispano muchos programas de televisión?
4. ¿Cómo es, en cambio, el español de carne y hueso?
5. ¿Por qué es importante tratar de "señor" al español más humilde?
6. Según la Constitución española, ¿qué es el honor?
7. ¿En qué áreas es especialmente importante el honor español?
8. En el incidente que cuenta el profesor, ¿por qué se molestó el esposo que estaba en el café? ¿Qué hicieron los otros hombres que estaban allí?
9. El hombre de negocios hispano es a menudo conservador. ¿Por qué?
10. ¿Qué actitud han mostrado a veces los gobiernos de países poderosos con los países hispanos? ¿Por qué es esto un problema?
11. ¿Cuál es la diferencia entre honor y honra? ¿Qué nos dice esto sobre el papel tradicional de la mujer en la sociedad española?

---

[46] *a...* as   [47] inborn

II | Vocabulario

A. *Respuestas múltiples*
Trate de completar estas oraciones con la frase correcta:

1. El profesor dice que muchos españoles tienen una "mentalidad de hidalgo" porque
   a) reaccionan a veces en forma violenta
   b) tienen una actitud digna y orgullosa
   c) son víctimas de prejuicios

2. La mujer española es
   a) tan orgullosa como el hombre
   b) víctima de un complejo de inferioridad
   c) un ser humilde por temperamento

3. Si vamos a un restaurante español, lo correcto es
   a) decirle un chiste al camarero
   b) llamar al camarero en voz alta
   c) esperar a que el camarero venga a tomar nuestra orden

4. Si se ofende su dignidad personal, el español es capaz de reaccionar en forma violenta
   a) si es de un bajo nivel social
   b) si es una persona poco educada
   c) no importa cuál sea su clase social

5. El hombre de negocios hispano
   a) muestra una actitud arrogante
   b) vacila en asumir riesgos comerciales
   c) muestra una actitud ofensiva para los demás miembros de la sociedad

B. *Estereotipos*
Muchos de nosotros estamos influidos por los estereotipos. Por ejemplo, ¿qué combinación de rasgos cree usted que buscaría un productor de películas en los siguientes casos?

Para hacer el papel de: un "amante latino"
                            un *lord* inglés
                            un atleta ruso
                            un camarero hispano

un actor debe ser:

pequeño	feo	agresivo	desagradable
beligerante	fornido	violento	delgado
gracioso	distinguido	gordo	serio
alto	poco educado	arrogante	digno
altivo	ridículo	humilde	pasivo

Pero si descartamos (*discard*) los estereotipos, ¿qué otras combinaciones son también posibles?

III | Ideas y creencias

A. *Comentarios*

1. En esta lección se dice que en los Estados Unidos una persona que hable inglés con acento español está expuesta a que se la discrimine. Pero también los norteamericanos nativos hablan el inglés con diferentes acentos: hay, por ejemplo, un acento sureño (del sur de los E.U.), un acento de la Nueva Inglaterra, etc. ¿Existe también discriminación en este aspecto? Comente.

2. En algunas instituciones educacionales los estudiantes toman los exámenes bajo un código de honor: prometen no divulgar el contenido del examen. ¿Cree usted que ésta es una buena idea? ¿O cree que esto no es necesario porque la mayoría de los estudiantes son honestos?

3. Un aspecto muy importante del código de honor hispano es que la mujer debe guardarle absoluta fidelidad al marido—pero no necesariamente el marido a la mujer. En la sociedad norteamericana, más igualitaria, presumiblemente el marido debe guardarle tanta fidelidad a la mujer como la mujer al marido. ¿Cree usted que esto funciona así en la realidad?

4. Nuestra selección de ciertas palabras comunes revela a veces nuestra ideología. Por ejemplo, ¿qué distinciones revelan estas palabras: *housewife* vs. *housemaker*; *chairman* vs. *chairperson*? En su opinión, ¿son válidas estas distinciones, o no? Comente.

B. *Puntos de vista*

Cada persona tiene, hasta cierto punto, su propio sentido del honor y diferentes maneras de reaccionar ante situaciones difíciles. ¿Cómo reaccionaría usted, personalmente, si tuviera que confrontar las siguientes situaciones? ¿Puede justificar su manera de reaccionar en cada caso?

1. Usted va a un baile universitario y se encuentra con que su novio (novia) está bailando, en forma no muy inocente, con otra persona.
   a) Reacciona usted violentamente, protesta en voz alta y provoca un incidente.
   b) Se retira usted precipitadamente sin decir nada.
   c) Se les acerca usted y les pide una explicación en voz baja.
   d) Asume usted una actitud altiva y empieza a bailar con otra persona.

2. Su mejor amigo (amiga) tiene una novia (un novio) que empieza a mostrar interés en usted.
   a) Llama usted a su amigo(-a) y le dice francamente lo que está pasando.
   b) Se abstiene usted de hablar con su amigo(-a) sobre el problema y permite que la situación se desarrolle espontáneamente.
   c) Le habla usted francamente a la novia (al novio) de su amigo(-a).

IV | Proyecto de clase

Primer paso. Los alumnos de la clase deberán preparar de antemano (*beforehand*) sus respuestas individuales a estas dos preguntas (las respuestas deberán ser espontáneas, casi automáticas):

1. ¿Con qué cosas asocia usted el término *"Spanish culture"*?
2. Cuando usted oye el término *"Spanish person"*, ¿lo asocia usted con un tipo humano específico? Explique.

Segundo paso. Después de comparar las diferentes respuestas, la clase tratará de analizarlas y obtener algunas conclusiones. Por ejemplo:

¿Hay bastante uniformidad entre las diferentes respuestas?

¿Revelan ellas la existencia de estereotipos?

¿Hay algunas diferencias importantes entre ellas? ¿Cuáles?

¿Cuáles de esas respuestas son producto de un contacto directo con la cultura hispánica o con personas que pertenecen a esa cultura?

V | Ejercicio escrito

Hemos visto algunos estereotipos hispanos en la televisión norteamericana. ¿Puede usted imaginar algunos estereotipos en relación con el hombre o la mujer norteamericanos que quizás podríamos ver en la televisión hispana? Por ejemplo, estereotipos en relación con el dinero, las costumbres, la apariencia física, la manera de vestir, los aparatos eléctricos, los automóviles, las relaciones entre los sexos.

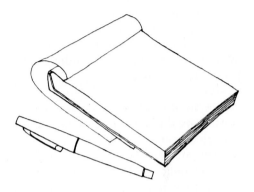

✤ VII

Entrevista con una joven española

Hablando un día con doña Asunción, me dijo, con mucho orgullo, que una sobrina suya acababa de regresar de los Estados
Unidos después de pasar un año allí en un *college*. Pocos días
después, la sobrina, a quien llamaré Ernestina, vino a visitar
a doña Asunción y esto me dio la oportunidad de conocerla.
Resultó ser una muchacha atractiva, lista[1] y simpática. Después de hablar con ella varias veces, le pedí un día que "me
concediera una entrevista" para hablar sobre sus experiencias
norteamericanas.

—Pero, oiga —me respondió ella—, yo creía que usted era
profesor, no periodista.

[1] intelligent

—Es que sé que a mis alumnos norteamericanos les interesará saber las impresiones que has traído de allá.

—Pues como usted quiera, pero le advierto[2] que soy tan fea como tan franca[3].

—Yo no sabía que había madrileñas feas.

—Pues no, la verdad, no las hay.

Ya en esta vena[4], entramos en el tema.

—Me imagino, Ernestina, que no eres una muchacha adinerada. Entonces, ¿cómo pudiste estudiar por todo un año en los Estados Unidos?

—Verá; como sabe, estudio aquí en la universidad y realmente nunca pensé estudiar en el extranjero. Pero un día, hace como dos años, uno de mis profesores en la universidad, uno de los pocos a quienes realmente conozco, me llamó para decirme que había esta oportunidad: un *college* pequeño de Pennsylvania estaba buscando un estudiante de aquí para ayudarles con su programa de español y ofrecían una beca[5] que incluía todos los gastos, hasta los del pasaje. Dio la casualidad[6] que este profesor mío estaba a cargo de[7] enviarles los nombres de posibles candidatos, y me preguntó si yo estaba interesada. Le dije que sí en seguida, y le escribí al *college* presentándome como candidata y acompañando[8] mi vita. Pero no me hice muchas ilusiones; pensé que mis probabilidades de obtener la beca eran mínimas.

—¿Por qué?

—Mi vita no era nada impresionante; mis notas[9] en la universidad, mediocres. Además, apenas sabía unas palabras de inglés; aunque, claro, escribí en mi vita que estaba estudiándolo.

—¿Y no era verdad?

—Sí, era verdad, pero no especifiqué que hacía dos días que me había matriculado en un curso de inglés aquí. Mi inglés, prácticamente, tenía cuarenta y ocho horas de edad en ese momento.

—Sin embargo, obviamente conseguiste impresionarlos.

---

[2] *le...* I warn you
[3] *soy...* I'm a sincere person (Spanish saying)
[4] vein, mood
[5] scholarship
[6] *Dio...* It so happened
[7] *a...* in charge of
[8] enclosing
[9] grades

—Cuando, un mes después, recibí una carta de Pennsylvania diciendo que me habían seleccionado a mí, no podía creerlo. Sospecho que mi profesor empujó[10] bastante en mi favor. Luego él mismo me dijo que le había escrito al *college* diciéndoles que yo era una persona muy *"outgoing"* y *"dynamic"*, con muchas *"qualities of leadership"*. Según él, esas son palabras mágicas con los norteamericanos. Pero aun después de ganar la beca me quedaba todavía un problema. Sabe, cuando solicité[11] la beca yo pensé que tenía tan pocas probabilidades de ganarla, que no me molesté[12] en decirles nada a mis padres.

—¿Qué edad tenías entonces?

—Veintiún años. Pero usted no conoce a los padres españoles.

—¿Y cómo lo tomaron?

—Como una tragedia familiar. Yo nunca me había separado de ellos, y eso de verme marchar a un país extranjero, sobre todo a los Estados Unidos... Mi madre me dijo que era como perder a una hija.

—Explícame eso.

—Bueno, usted sabe la reputación que tienen los Estados Unidos aquí, sobre todo entre la gente chapada a la antigua[13], como mis padres; un país de libertades sexuales, violencia, drogas, comercialismo, prejuicios raciales... Es la idea que uno se forma a través de lo que lee en la prensa, y Hollywood ayuda a confirmarla con sus películas. No sabe usted cuánto me costó[14] convencer a mis padres para que me dejaran[15] ir. Cuando por fin me vi en el avión de Iberia[16] rumbo a[17] Nueva York, me pareció que era un sueño.

—¿Cuáles fueron tus primeras impresiones al llegar?

—Confusas. En el Aeropuerto Kennedy ya me estaba esperando un representante del *college* (como ve, todo muy *well organized*), y este señor me llevó en su propio coche. Yo pensé que tendría la oportunidad de visitar Nueva York, pero todo lo que pude ver fue una línea de rascacielos[18] a lo lejos[19].

---

[10] pushed
[11] I applied for
[12] *no...* I did not bother
[13] *chapada...* old-fashioned
[14] *cuánto...* how difficult it was

[15] *me...* they let me
[16] (the Spanish airline)
[17] *rumbo...* bound for
[18] skyscrapers
[19] *a...* in the distance

Tomamos una carretera *expressway* y pronto no pude ver más que chimeneas, campo y vacas[20]. Cuatro horas después llegamos al *college*, que está en un pueblecito como de veinte mil habitantes. Esto fue una desilusión. Yo me había hecho la idea de que el *college* estaría en una ciudad grande, como las universidades aquí. Me pregunté cómo yo, que siempre he vivido en Madrid, iba a acostumbrarme a vivir en un pueblecito aislado[21] como aquél.

—Entonces no te fue fácil adaptarte.

—En realidad, más fácil de lo que pensé al principio. En parte, porque todo el mundo allí me dio una acogida[22] fantástica. Además, casi desde el primer día me mantuvieron tan ocupada que apenas tuve tiempo de echar de menos[23] a España o a mi familia.

—¿Qué cosas hacías en el *college*?

—Pues de todo un poco. Me pusieron a cargo de la "Casa Hispánica" que tienen allí, de manera que me convertí en la "mamá" de los veinte estudiantes de español que vivían en ella y tenía que coordinar todas las actividades de la Casa: fiestas, conferencias, etcétera. En el Departamento de Español, ayudaba en las clases, corregía ejercicios y composiciones, ayudaba a redactar el periódico del Departamento...

—Casi nada.

—Y como la beca me permitía seguir cursos en el *college* sin pagar nada, decidí matricularme en dos de los que ofrecía el Departamento de Inglés. En fin, que yo era, a la vez, madre, consejera[24], redactora, estudiante y medio profesora.

—¿Qué puedes decir, en general, de los estudiantes norteamericanos?

—Personalmente no tengo ninguna queja[25] de ellos; al contrario: me trataron estupendamente bien. Los de la "Casa Hispánica" pronto empezaron a tratarme como a una hermana. Cuando llegaron las vacaciones de Navidad, cuatro de ellos me invitaron a pasarlas en sus casas y fue un problema decidir cuál de las invitaciones aceptar. Esto me sorprendió bastante: la facilidad con que los norteamericanos le abren sus casas a

---

[20] cows
[21] isolated
[22] welcome

[23] *echar...*   to miss
[24] adviser
[25] complaint

cualquier persona. Los españoles, los castellanos, por lo menos, somos más reservados en ese sentido: el hogar es para la familia y no admitimos fácilmente a una persona extraña[26] para compartir[27] la vida íntima de nuestras casas.

—¿Crees que los estudiantes norteamericanos estudian más o menos que los españoles?

—Muchísimo más. Sus cursos son rigurosos, tienen que leer enormemente, escribir no sé cuántos informes[28]... y hay mucho espíritu de competencia entre ellos para sacar buenas notas[29]. Yo nunca antes había visto tantos ratones de biblioteca[30].

—Veo que dices eso en tono de crítica.

—Sí, porque me parece que la vida estudiantil no debe tener tantas tensiones académicas. Los estudiantes aquí estudiamos para los exámenes pero el resto del año podemos preocuparnos de otras cosas. Allí, en cambio, los estudiantes estaban casi siempre tan sumergidos en la vida universitaria que apenas si tenían tiempo de enterarse de[31] lo que estaba pasando en el mundo exterior. Pocos de ellos leían diariamente los periódicos o veían los noticieros[32] de la televisión.

—Entonces, no los encontraste bien informados.

—Francamente, no; sobre todo en cuestiones de política y de la situación internacional. Claro, yo comprendo que los estudiantes españoles estamos muy politizados[33] y a veces nos interesan más esas cosas que los estudios mismos, lo cual tampoco es bueno. Pero en el caso de los norteamericanos, creo que los *colleges* les crean un mundo aparte que es bastante artificial. Tal vez por eso los ponen en pueblos pequeños. El *college* donde estuve era un pequeño mundo en sí mismo que lo proveía todo: estudio, vivienda[34], comida, diversiones[35]... hasta un equipo de consejeros y psicólogos. Eso, sobre todo, lo de los[36] psicólogos, lo encontré, vamos, un poco ridículo.

—La teoría es que los estudiantes están en una edad difícil y con frecuencia necesitan a una persona entrenada[37] para ayudarles a resolver sus problemas.

---

[26] strange
[27] share
[28] term papers
[29] *sacar...* to get good grades
[30] *ratones...* bookworms
[31] *enterarse...* find out
[32] newscasts
[33] active in politics
[34] housing
[35] entertainment
[36] *lo...* the business of
[37] trained

—Quizás, pero los estudiantes españoles no tenemos nada de eso y sobrevivimos[38] muy bien. Aprendemos a enfrentar nuestros problemas. Es verdad que el carácter nuestro es diferente: nosotros podemos hablar de nuestros problemas y desahogarnos[39] más fácilmente, me parece a mí; mientras que ellos son más tímidos, reprimen más sus emociones. Aun así, creo que exageran. Un chico que no tenga problemas psicológicos debe sentirse casi anormal allí.

—¿Qué me dices de esa vida disipada que tus padres se habían imaginado?

—Le diré: el que quiera hacer algo malo allí, tiene más libertad para hacerlo que en España, sobre todo la juventud. Pero también puede usted llevar[40] la vida más normal y ordenada sin que nadie se lo critique. Y la mayoría de los chicos que conocí estaban demasiado ocupados con su trabajo o sus estudios para llevar una vida desordenada. Tienen, claro, más libertad que nosotros en cuestiones sexuales, sobre todo las muchachas; pero en España vamos por el mismo camino[41], cuestión de tiempo. El problema de las drogas no me pareció que era tan grande como lo presenta la prensa de aquí, por lo menos entre los estudiantes. Existe, sí, pero tuve la impresión de que ha sido una moda[42] que está empezando a pasar. Allí me decían que los estudiantes toman hoy menos pastillas[43] y más cerveza, y creo que es cierto. Lo que sí me extrañó[44] fue que en un país de costumbres tan libres haya leyes[45] tan estrictas en cuanto a las bebidas alcohólicas. Allí lo explican como un producto de la herencia puritana de los Estados Unidos, pero ¿por qué funciona ese puritanismo en cuanto a la bebida y no en cuanto al sexo? En Pennsylvania, por ejemplo, no se permite servirle licor, ni siquiera cerveza, a ninguna persona menor de veintiún años. Yo creo que eso es un error.

—¿Por qué?

—Lo que hacen con eso es convertir la bebida en una gran tentación, como la manzana de Adán. Las cosas prohibidas siempre nos atraen más. Los españoles nos acostumbramos a beber casi desde que somos niños, aunque, claro, con mo-

---

[38] we survive
[39] express our feelings
[40] live
[41] *vamos...* we are following the same path

[42] fashion
[43] pills
[44] *Lo...* What did surprise me
[45] laws

deración. Es parte aceptada de nuestra vida social, de manera que lo vemos como una cosa natural y no caemos en excesos. Aquí raramente verá usted a una persona joven que se emborrache[46]. Los muchachos norteamericanos, en cambio, tienen una actitud bastante ingenua[47] hacia la bebida, como si fuera *"a big thing"*, una cosa del otro mundo, y cuando tienen la oportunidad de beber muchas veces no saben cuándo parar... como si fuera una competencia deportiva más que una cosa agradable.

—¿Algún comentario general que quisieras hacer?

—Bueno, yo he criticado algunos aspectos del sistema educativo norteamericano, pero también tiene muchas cosas que son dignas de alabanza[48]. Claro, tienen el dinero para hacer muchas cosas que aquí no podríamos hacer, como eso de ofrecer un curso para una clase de sólo cinco o seis alumnos. Pero hay otras cosas que no las explica el dinero. Por ejemplo, la dedicación que muestran los profesores, el tiempo y las energías que le dedican a su profesión, la atención tan personal, tan familiar que recibe el alumno...

—¿Tienes algún mensaje personal para mis estudiantes?

—Sí, que vengan a España. Yo tenía unas cuantas ideas equivocadas[49] sobre los Estados Unidos y sé que lo mismo les ocurre a ellos con España. Igual que[50] yo fui a su país, ellos deben venir al mío para conocerlo realmente.

✄ EJERCICIOS

I | Preguntas

1. ¿Cómo pudo Ernestina estudiar en los Estados Unidos?
2. ¿Tenía ella muy buenas notas en sus cursos?
3. ¿Sabía mucho inglés?
4. ¿Qué edad tenía ella cuando fue a los Estados Unidos?
5. ¿Qué ideas tenían sus padres sobre los Estados Unidos?
6. ¿Por qué pensó Ernestina que el *college* estaría en una ciudad grande? ¿Dónde estaba en realidad?

[46] *que...* get drunk
[47] naïve
[48] *dignas...* worthy of praise
[49] wrong
[50] *Igual...* Just as

7. ¿Por qué dice ella que se convirtió en la "mamá" de veinte estudiantes?
8. ¿Se matriculó Ernestina en algunos cursos de español?
9. ¿Cree ella que los estudiantes españoles estudian más que los norteamericanos?
10. En cuestiones de política nacional e internacional, ¿qué diferencias ve Ernestina entre los estudiantes españoles y los norteamericanos?
11. Los estudiantes españoles no tienen consejeros ni psicólogos; entonces, ¿cómo resuelven sus problemas personales?
12. ¿Tiene Ernestina la impresión de que la mayoría de los estudiantes norteamericanos llevan una vida desordenada? ¿Por qué?
13. Según Ernestina, ¿qué actitud tienen los españoles en relación con las bebidas alcohólicas?
14. ¿Qué piensa ella de los profesores de los *colleges* norteamericanos?

II | Vocabulario

A. *Asociaciones*
¿Qué palabras de la lista le sugieren estos nombres?

Walter Cronkite	cerveza	informe
aspirina	vivienda	pastilla
Pennsylvania Turnpike	licor	consejero
Coca-Cola	diversiones	rascacielos
Las Vegas	bebida	pueblecito
La Casa Blanca	noticiero	periódico
Empire State Building	carretera	moda

B. *Definiciones*
Encuentre en la segunda columna las palabras que corresponden a las definiciones de la primera columna.

1. Hacer una petición.
2. La letra o número que usa un profesor para evaluar un examen.

corregir
entrenado
redactar

3. Otra manera de decir *escribir*.
4. Un individuo que no es físicamente atractivo.
5. Decimos esto de un lugar que no está cerca de ninguna ciudad importante.
6. Inscribirse en un curso académico.
7. Una manera de decir que un individuo es rico.
8. Una serie de preguntas y respuestas entre un periodista y otra persona.
9. Un individuo inteligente.
10. El hijo de un hermano nuestro.

extrañar
solicitar
registrar
aislado
feo
nota
aplicar
ingenuo
matricularse
sospechar
adinerado
entrevista
sobrino
listo

Ahora, dé definiciones en español de estos términos:

Una beca
Iberia
La manzana de Adán

Un ratón de biblioteca
Una "Casa Hispánica"
Una vita

III | Ideas y creencias

A. *Comentarios*

1. ¿Es similar el *college* o universidad donde usted estudia al *college* donde estuvo Ernestina? Comente.
2. Las impresiones de Ernestina están basadas en sus experiencias en un *college* pequeño. ¿Tendría ella opiniones diferentes si hubiera estudiado en una universidad grande de los Estados Unidos? ¿Por qué?
3. Según Ernestina, hay mucha competencia entre los estudiantes norteamericanos para sacar buenas notas. ¿Por qué cree usted que esto sucede? ¿Siente usted este problema personalmente?
4. Personalmente, ¿está usted bien informado sobre lo que sucede en el mundo exterior? ¿Cuáles son sus fuentes (*sources*) de información?
5. ¿Es beneficioso para un *college* norteamericano traer

a los Estados Unidos estudiantes extranjeros como Ernestina? ¿Por qué? ¿Hace esto su *college* o universidad?

B. *Puntos de vista*
En su entrevista con el profesor, Ernestina ha expresado una serie de opiniones sobre los estudiantes y los *colleges* norteamericanos. En particular, ¿está usted de acuerdo con las siguientes opiniones de ella? Diga, en cada caso, por qué está o no está usted de acuerdo.

1. En general, los estudiantes norteamericanos no están bien informados sobre lo que pasa en el mundo exterior.
2. Muchos estudiantes de *college* viven en un pequeño mundo artificial.
3. Pocos estudiantes norteamericanos leen diariamente los periódicos o ven los noticieros de la televisión.
4. Los consejeros y psicólogos de los *colleges* no son realmente muy necesarios.
5. Es un error que en los Estados Unidos haya leyes tan estrictas en cuanto a las bebidas alcohólicas.
6. Las drogas están pasando de moda en los *colleges* norteamericanos. Los estudiantes ahora toman menos pastillas y más cerveza.
7. Muchos jóvenes norteamericanos tienen una actitud ingenua hacia la bebida.

IV | Proyecto de clase

Los alumnos de la clase van a hacer una crítica de la vida universitaria norteamericana, teniendo en cuenta el punto de vista español expresado por Ernestina. Las siguientes preguntas pueden servir como guía para la discusión:
¿Hay demasiada competencia entre nosotros para sacar buenas notas?
¿Por qué existe este problema? ¿Puede tener un impacto negativo en nuestra educación?

¿Están nuestras vidas demasiado controladas por el sistema académico? Por ejemplo, ¿debemos vivir en residencias para estudiantes? ¿Debemos comer en la cafetería universitaria? ¿Debe nuestro *college* o universidad proveer nuestras diversiones? ¿Alternativas?

¿Son necesarias las fraternidades? ¿Tienen problemas los estudiantes que no son miembros de esas organizaciones?

V | Ejercicio escrito

Usted va a escribirle una carta al señor Rector de la Universidad Central de Madrid solicitando una beca y acompañando su vita con la carta.

A. *Su carta*
1. Empiece su carta con la fórmula "Muy estimado Sr. Rector:"
2. Dígale que usted desea solicitar una beca para estudiar en esa Universidad por... (especifique por cuánto tiempo). Dígale (usando su imaginación) en qué cursos desea usted matricularse. Dígale también que usted no es una persona adinerada y no podrá estudiar en España a menos que consiga una beca. Añada que usted está dispuesto(-a) a pagar sus gastos de viaje.
3. Dígale que usted le agradecerá todo lo que él pueda hacer en su favor y que le acompaña su vita.
4. Termine la carta con la fórmula "Con gracias anticipadas, quedo, de Ud., muy atentamente,". Y firme la carta.

B. *Su vita*
Escríbala en un papel separado e incluya la siguiente información: nombre y dirección, lugar de nacimiento, fecha de nacimiento, ciudadanía, estado civil, estudios realizados, títulos académicos, institución a la que asiste actualmente, especialidad académica, lenguas que domina, países que ha visitado, experiencia de trabajo.

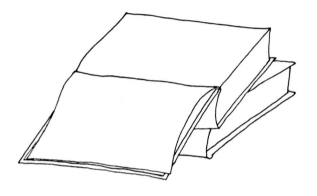

✤ VIII

Después de la universidad, ¿qué?

En otra ocasión pude hablar con Ernestina sobre su vida en España y sus proyectos y aspiraciones para el futuro.

—Bueno —me dijo ella—, cuando me fui a los Estados Unidos tuve que interrumpir mis estudios aquí. Pero ahora me he matriculado otra vez en la Facultad de Filosofía y Letras (1), y espero graduarme el año que viene.

—¿Y qué piensas hacer después?

—Pues no estoy segura. Sabe usted, cuando me gradué de bachiller (2), mi primera intención fue estudiar una carrera de Ciencias, pues en el bachillerato siempre me gustaron más las asignaturas[1] de Ciencias que las de Letras[2]. Pero todo el

---

[1] subjects   [2] Humanities

mundo me desalentó[3]. En España, las carreras de Ciencias todavía son carreras para el hombre, por la mayor parte. ¿Se ha dado usted cuenta de que palabras como *médico e ingeniero* no han tenido forma femenina hasta hace poco? Recuerdo que mi madre me dijo: "Pero, hija, ¿crees que un hombre bien nacido[4] se va a casar con un ingeniero?" Acabé estudiando Filosofía y Letras aunque sabía que esta es una carrera sin gran futuro. Usted dirá que soy conformista, pero es que a los estudiantes españoles, sobre todo si somos mujeres, nos es más difícil escapar a la influencia del círculo de la familia, de las amistades[5]; vivimos en él como el pez[6] en el agua.

—Pero hasta cierto punto —le dije—, eso sucede en todas partes.

—Sí, pero no creo que tanto como aquí. A mí me admiraba ver la independencia que tienen los jóvenes norteamericanos. Claro, en los Estados Unidos las oportunidades de conseguir trabajo e independizarse son infinitamente mayores, mientras que aquí uno tiene que depender más de la familia. Mire el caso nuestro: mi hermano Rafael y yo todavía vivimos en casa de nuestros padres. Rafael tiene ya veinticinco años y novia formal, pero por el momento no tiene esperanzas de casarse y poner casa propia[7]; con el trabajito que tiene apenas si le alcanza[8] para vestirse y tener unas pesetas en el bolsillo. En cuanto a mí, bueno, si me gradúo el año que viene recibiré el diploma de "Licenciada en Filosofía y Letras" (3), un título muy bonito, especialmente para colgarlo en la pared y decorar la sala de mi casa. Mi familia no tiene mucho enchufe.

—¿Enchufe?

—Quiero decir que ni mis padres ni yo tenemos muchas relaciones; no conocemos a personas influyentes que puedan ayudarme a conseguir un empleo que valga la pena[9].

—Ah, sí, en mi país de origen le llamamos a eso "tener palanca".

—Bueno, mi problema es que no la tengo. Es difícil salir

---

[3] *me...* discouraged me
[4] *bien...* well-bred
[5] friends
[6] fish

[7] *poner...* have his own house
[8] *apenas...* is hardly enough
[9] *que...* that is worth it

tener
tener palanca = enchufe = to have connections

adelante[10] por nuestros propios méritos si no tenemos una recomendación fuerte de alguna persona cuya opinión tenga peso. Lo importante no es lo que diga la recomendación, sino el nombre de la persona que la firme[11]. Aquí, como decimos, "el que tiene padrino se bautiza"[12].

—También en Hispanoamérica usamos ese dicho[13].

—Es que yo creo que ustedes cojean del mismo pie[14].

—Nuestros antepasados[15] —le dije— no vinieron exactamente de la Arabia Saudita.

Ernestina asintió[16] con una sonrisa.

—Nuestro ego —me dijo— se alimenta[17] sobre todo de decir: "Acabo de resolverle un tremendo problema a un amigo mío", ¿no es verdad?

—Sí, ¿pero no crees que ese rasgo del carácter hispano tiene también sus aspectos positivos? Una sociedad en que las relaciones personales son tan importantes tiende a ser una sociedad más humana, ¿no te parece?

—A usted le es más fácil que a mí filosofar sobre eso. Usted tiene empleo, profesor.

—*Touché*, como se dice en inglés. Tú, sin embargo, con tu título de Licenciada en Filosofía, podrías dedicarte a la enseñanza[18].

—El problema es que para conseguir una cátedra[19] hay que presentarse a concursos de oposición (4) que convoca[20] el gobierno, y por cada plaza[21] vacante siempre hay cientos de candidatos. Es casi como jugar a la lotería, con la diferencia de que uno tiene que quemarse las pestañas[22] estudiando para las oposiciones. A veces tarda uno años en conseguir una cátedra, y casi siempre en un pueblo de provincia... Todos queremos vivir en Madrid.

—Bueno, pero mientras ese día llega, estoy seguro de que

---

[10] *salir*...   get ahead
[11] *que*...   who signs it
[12] *el*...   "You need friends in high places."
[13] saying
[14] *cojean*...   have the same weakness
[15] ancestors
[16] agreed
[17] *se*...   thrives
[18] teaching
[19] teaching position
[20] calls for
[21] position
[22] *quemarse*...   burn the midnight oil

podrás conseguir algún trabajo con que ir tirando[23], aunque no sea el empleo ideal.

Ernestina sonrió con escepticismo.

—Eso espero. Pero hay un millón de españoles desempleados que están esperando exactamente lo mismo en este momento.

—No seas pesimista.

—Lo que soy es realista —me contestó ella—. Los españoles, además, sobre todo los de la clase media, tenemos otro problema: tenemos a menos[24] hacer un trabajo que esté por debajo de nuestro nivel[25] social, sobre todo si es un trabajo manual. En los Estados Unidos yo me asombraba[26] de ver que los estudiantes universitarios no vacilaban[27] en aceptar cualquier empleo que les permitiera ganarse unos dólares extra. Cindy, mi compañera de cuarto en el *college* donde estuve, trabajaba en la misma cafetería del *college,* sirviendo comida; su padre era abogado y su madre profesora universitaria, pero ella no se sentía avergonzada[28] de servirles espaguetis a los demás estudiantes. Otro estudiante amigo mío, un tipo muy majo[29], me decía como la cosa más natural que él pasaba los veranos trabajando de obrero en una fábrica de zapatos. Fue en casa de su familia donde pasé las vacaciones de Navidad y, mire usted, el chico vivía en una mansión, ¿eh? Yo, viendo aquello, me acordaba sobre todo de mi hermano Rafa.

—¿En qué trabaja tu hermano?

—El pobre, tiene un empleíllo[30] mal pagado en correos[31]. Yo pensaba en él porque hace como dos años un amigo de él que trabaja en el Hotel Palace le ofreció conseguirle un empleo de camarero allí. En un hotel de lujo como ése hubiera ganado diez veces lo que gana en correos, pero mis padres pusieron el grito en el cielo[32]: "¿Nuestro hijo trabajando de sirviente? ¡Qué humillación!" A la novia de Rafael tampoco le hizo mucha gracia[33] la idea, así es que mi pobre hermano

[23] *ir...* to get along	[29] handsome
[24] *tenemos...* we look down on	[30] minor job
[25] level	[31] *en...* at the post office
[26] *me...* I was surprised	[32] *pusieron...* strongly objected
[27] *no...* did not hesitate	[33] *tampoco...* didn't like it either
[28] ashamed	

lujo - luxury

sigue en su empleíllo. ¿Sabe lo que está pensando hacer? Irse a trabajar a Alemania.

—Pero si va a Alemania probablemente tendrá que hacer trabajo manual.

—Sí, claro, pero aquél es un país industrializado, con una ética de trabajo diferente. Allí nadie tiene a menos trabajar físicamente y los españoles que van allá resultan ser unos trabajadores excelentes. Es irónico, ¿verdad? Tan pronto dejamos atrás los prejuicios de nuestra sociedad nos convertimos en los trabajadores más dedicados de Europa. También es verdad que el campesino[34] español, que no ha tenido tantos prejuicios en ese sentido, siempre ha trabajado muy duro...

—Sin embargo, España también se está industrializando mucho. ¿No crees que esos prejuicios tendrán que desaparecer también aquí?

—Sí, pero todavía mi generación es víctima de ellos.

—Y tú, personalmente, si pudieras escoger una ocupación, ¿cuál escogerías?

Ernestina sonrió con sorna[35].

—Poetisa[36], claro. ¿O cree usted que no soy española?

—¿Y si no hay ningún puesto vacante de poeta?

—Ah, entonces azafata[37], preferiblemente en vuelos internacionales.

—¿Qué dirían tus padres de eso? Después de todo, las azafatas tienen que servirles comida a los pasajeros.

Ella se echó a reir[38].

—Por suerte, mis padres nunca han viajado en avión. Pero si ellos me preguntan les diré que las comidas de los aviones son servidas por camareros alemanes.

❧ *Notas*

1. *Facultad* no quiere decir *faculty;* se refiere a cada una de las escuelas profesionales que existen dentro de una universidad hispánica: Facultad de Medicina, de Derecho

---

[34] peasant
[35] irony
[36] poet (*fem.*)

[37] air hostess
[38] *se...* burst into laughter

(*Law*), etcétera. El programa de la Facultad de Filosofía y Letras incluye el estudio de asignaturas como lingüística, literatura, historia, arte, filosofía y geografía.

2. El título de *bachiller* es el que reciben los estudiantes cuando terminan el bachillerato; éste es el programa de enseñanza secundaria en los países hispanos; su formato específico varía de país a país, pero, en general, es un programa de enseñanza general que dura entre cinco y seis años, y prepara al estudiante para ingresar en (*enter*) la universidad. Normalmente, el alumno se gradúa de bachiller a los dieciséis o diecisiete años, con especialización en Ciencias o en Letras. En algunos países, como en España, se requiere un año adicional, el curso preuniversitario, para poder ingresar en la universidad. El bachillerato no corresponde exactamente al *high school* ni al *college* norteamericano; sus estudios son más avanzados que los de *high school* pero menos especializados que los de *college*.

3. El título de licenciado corresponde, aproximadamente, al *master's degree*. Para obtener el título de doctor es necesario completar un año más de estudios y la correspondiente tesis doctoral.

4. Estos concursos de oposición, u oposiciones, son competencias oficiales para obtener puestos de profesor, es decir, cátedras. En España y otros países hispánicos no es común el sistema de contratos (*contracts*) que existe en las instituciones educacionales de los Estados Unidos.

❧ EJERCICIOS

I | Preguntas

1. ¿Qué carrera está estudiando Ernestina?
2. Ella quería estudiar una carrera de Ciencias pero por fin estudió una carrera de Letras. ¿Por qué?
3. ¿Qué título recibirá Ernestina cuando se gradúe?
4. ¿Le será fácil a ella conseguir un empleo cuando se gradúe? ¿Por qué?

5. ¿Hay muchos o pocos desempleados en España?
6. ¿Qué tipo de trabajo no quieren hacer muchos españoles de la clase media? Dé un ejemplo.
7. Según Ernestina, ¿qué actitud hacia el trabajo tienen los jóvenes norteamericanos?
8. ¿A dónde piensa ir a trabajar Rafael, el hermano de Ernestina? ¿Por qué?
9. ¿Qué ocupaciones le gustaría escoger a Ernestina?

II | Vocabulario

A. *Respuestas*
ALUMNO 1 —Construyo edificios.
ALUMNO 2 —Eres arquitecto.

1. Soy un experto en las leyes de nuestro país.
2. Trabajo en el campo, en la agricultura.
3. Me gradué del bachillerato.
4. Me dedico a curar a los enfermos.
5. Acabo de ganar una cátedra.
6. Construyo puentes y carreteras.

B. *Definiciones*
Encuentre en la lista las palabras que corresponden a estas definiciones:

1. La muchacha con quien un hombre piensa casarse.
2. La actividad a que se dedica un profesor.
3. El curso que se estudia en un programa académico.
4. La oficina que distribuye la correspondencia.
5. El empleo que obtiene una persona.
6. La profesión que se estudia en la universidad.

la carrera
el licenciado
el sujeto
la asignatura
la novia
los padrinos
correos
los antepasados
la plaza
la enseñanza
vacantes

7. El lugar que una persona ocupa en   el nivel
   la sociedad.
8. Los familiares que vivieron antes
   que nosotros.

C. *Sinónimos*
Encuentre en el grupo de expresiones coloquiales las que
expresen ideas equivalentes a las de las oraciones y úselas
para formar nuevas oraciones correctas. Por ejemplo:
Estudio seis horas todas las noches. → Yo me quemo las
pestañas.

1. Tengo un amigo influyente que me ha dado una carta
   de recomendación. Yo...
2. Cuando Elena vio que tenía que pagar $30 por el al-
   muerzo, se puso furiosa y protestó. Elena...
3. Mi amiga Juana gasta más de lo que gana. Mi amiga
   Margot también. Juana y Margot...
4. Mi madre no tiene un empleo ideal, pero piensa con-
   servarlo hasta que consiga otro mejor. Por el momento,
   ella...
5. Pero mi hermano gana $80.000 al año. Su empleo...
6. Rodrigo es camarero y se siente avergonzado. Hacer
   ese trabajo manual es algo que Rodrigo...
7. Rafael ya no vive con sus padres; él encontró un lugar
   para vivir independientemente. Rafael...

cojear del mismo pie	poner casa propia
ir tirando	tener a menos
tener enchufe	salir adelante
ser bien nacido	hacerle gracia
poner el grito en el cielo	valer la pena

III | Ideas y creencias

1. Cuando se mencionan en inglés las ocupaciones de *nurse*
   y *secretary*, ¿piensa usted en un hombre o en una mujer?

¿Qué sugiere esto en cuanto a los prejuicios de nuestra sociedad?

2. El enchufe es importante en España. ¿Y en los Estados Unidos? ¿Puede dar un ejemplo de enchufe en nuestra sociedad?

3. Problema ético: Usted es candidato para ocupar un puesto en una compañía. Un familiar de usted es muy amigo del Presidente de esa compañía. Usted está muy bien preparado para ocupar ese puesto. Usted sabe que hay otros dos candidatos que también son muy competentes.
Pregunta: ¿Le pide usted a su familiar que hable con el Presidente de la compañía y lo recomiende a usted para el puesto? Justifique su respuesta.

4. ¿Tiene usted a menos hacer trabajo manual? ¿Puede dar un ejemplo personal que justifique su respuesta?

5. Hace unos años, el Presidente de un *college* norteamericano decidió dedicar parte de su tiempo a hacer trabajos manuales; sin revelar su identidad, encontró empleo en una compañía de construcción y en otros lugares similares donde hizo todo tipo de trabajos físicos, algunos muy duros. Según este señor, esta experiencia fue muy buena para él. ¿Cree usted que esta fue una buena idea? ¿Por qué? ¿Es que otros debieran imitarle? ¿Quiénes, por ejemplo?

IV | Proyecto de clase

Primer paso

Hipótesis: durante sus años universitarios, los alumnos sólo podrán tomar seis cursos; toda su educación universitaria consistirá exclusivamente en lo que puedan aprender en esos seis cursos.

Cada alumno, antes de venir a clase, hará una selección de esos seis cursos, escogiendo entre los siguientes:

Administración de Negocios	Historia de Europa
Antropología	Historia de los Estados Unidos
Biología	Historia Universal (del mundo)
Computadoras	Literatura Inglesa
Culturas Orientales	Literatura Universal

Cultura Latinoamericana	Matemáticas
Economía	Música
Ecología	Pintura y Dibujo
Pedagogía (Educación)	Psicología
Educación Física	Química
Filosofía	Sociología
Física	Teatro
Geología	Trabajo Social
Historia del Arte	¿——————?

Segundo paso

La clase se dividirá en varios grupos pequeños, y:

1. Cada alumno leerá las asignaturas que ha escogido y dará una breve explicación sobre las razones de su selección.

2. Los otros alumnos de su pequeño grupo harán una crítica de esa selección; por ejemplo: ¿Qué preferencias revela esa selección? ¿Está bien balanceada, o es demasiado estrecha o demasiado amplia? ¿Demasiado idealista, demasiado pragmática?...

V | Ejercicio escrito

Escriba un resumen de su participación personal en el ejercicio anterior (véase el Proyecto de Clase), especificando, por ejemplo:

Las asignaturas que usted escogió.

Por qué las escogió.

Si sus compañeros hicieron algunas críticas de su selección.

Si usted considera que esas críticas son válidas o no, y por qué.

❧IX

Leyendo la prensa española

No es difícil, para el que pasa un tiempo en Europa, mantenerse bien informado sobre lo que está ocurriendo en los Estados Unidos. Casi en cualquier puesto[1] de periódicos y revistas de Madrid, París o Roma es posible comprar todas las semanas el último número[2] de *Time* o *Newsweek*. Y quien quiera leer diariamente un periódico similar a los de los Estados Unidos, puede comprar el *International Herald Tribune*, que se publica en París pero circula por toda Europa y es un modelo de concisión y excelente estilo periodístico.

Rositina y yo, sin embargo, preferimos acostumbrarnos a

[1] stand　　　　　　　　[2] issue

leer la prensa española casi exclusivamente, pues nos interesa ver cómo la manera de pensar del español se refleja[3] en su prensa diaria. Además, nos parece instructivo mirar la vida y la cultura norteamericanas desde el punto de vista de un observador extranjero.

En general, los principales periódicos españoles, como *Ya* y *ABC*, y las revistas de mayor circulación, como *Blanco y Negro* y *Gaceta Ilustrada,* cubren la escena nacional e internacional en forma bastante adecuada. Las publicaciones más importantes tienen corresponsales[4] en las principales capitales extranjeras, pero también obtienen parte de su información de los despachos que les envían las agencias internacionales de noticias. Por cierto, para un estudiante de español que todavía tenga un vocabulario limitado, estos despachos de las agencias de noticias son la parte más accesible de los periódicos españoles, pues usan un lenguaje conciso y bastante sencillo; son versiones españolas del mismo tipo de reportaje[5] que el alumno está acostumbrado a leer en inglés.

En cambio, a la hora de[6] interpretar las noticias y ofrecer opiniones, el periodismo[7] norteamericano y el español son bastante diferentes. El periodista norteamericano suele ser[8] mesurado[9] y relativamente impersonal en comparación con el español; da sus opiniones con cautela[10] (*"It would seem that..."*) y a menudo reconoce la existencia de otros puntos de vista que quizás deban tenerse en cuenta[11]. El periodista español es, por lo general, más subjetivo; no vacila en expresar fuertes opiniones o en emitir juicios[12] definitivos. En un artículo que leí recientemente, por ejemplo, su autor, hablando de la proliferación de las películas pornográficas en España, pronto llegó a la conclusión de que "no es ningún consuelo[13] descubrir que estamos en un país de adolescentes sexuales y de mirones[14]".

El periodismo español tiene también un carácter menos

---

[3] *se...* is reflected
[4] correspondents
[5] news report
[6] *a...* when it comes to
[7] journalism
[8] *suele...* usually is
[9] restrained
[10] caution
[11] *tenerse...* be kept in mind
[12] *emitir...* make judgments
[13] consolation
[14] peeping Toms

adecuada – adequate

profesional que el norteamericano. Esto no quiere decir que no haya en España excelentes periodistas. Los hay. El problema, más bien, es que buena parte del material que aparece, especialmente en las revistas, no está escrito por periodistas profesionales sino por escritores e intelectuales que no se preocupan mucho de escribir de acuerdo con reglas periodísticas (como el "quién, qué, cuándo, dónde, por qué, y cómo" de los periodistas norteamericanos). Emplean a menudo un lenguaje elevado, escrito más para una minoría educada que para el gran público. Yo recuerdo que hace unos años el crítico de cine de una de las principales revistas españolas lo era uno de los filósofos más distinguidos de España; sus columnas eran un modelo de refinamiento intelectual, pero no sé si, después de leerlas, el lector promedio[15] tenía idea de si la película en cuestión era buena o no.

Ese, sin embargo, es un defecto que tiene sus virtudes. El hecho de que los mejores escritores y figuras académicas de España sean colaboradores[16] habituales de periódicos y revistas populares, provee un medio de constante comunicación entre los intelectuales y el gran público, lo que sin duda es beneficioso. Esto influye también en el tipo de material que se publica. Proporcionalmente, la prensa española (y lo mismo podría decirse de la hispanoamericana) dedica más espacio a artículos sobre arte y literatura que la prensa anglosajona. No es raro ver que una revista de gran circulación dedique un número casi completo a honrar[17] a un escritor de fama, o publique un artículo de ocho o diez páginas sobre un pintor del Renacimiento[18].

Pero en España existe también otro tipo de prensa: un buen número de revistas más frívolas, llenas de fotografías, anécdotas y chismes[19] sobre estrellas de cine, artistas y personalidades nacionales y extranjeras. Su propósito, por supuesto, es satisfacer la curiosidad del público sobre el modo de vivir, los problemas y detalles de la vida íntima de los miembros más afortunados de la sociedad. En España, como en otros países, muchas personas que llevan una existencia rutinaria

---

[15] *lector...*   average reader
[16] contributors
[17] to honor
[18] Renaissance
[19] gossip

y monótona buscan a menudo este tipo de escape: vivir en su imaginación la vida "glamorosa" de su personalidad favorita. En España, por otra parte, este tipo de publicación tiene una peculiaridad. Todavía hoy hay segmentos de la población española que parecen sentir una instintiva fascinación por la nobleza[20] nacional y extranjera. El bautizo[21] de un hijo de la Duquesa de Alba o la boda de "Miguel de Kent y María Cristina Von Reibnitz" tienen tanto interés periodístico para esas revistas como la última aventura amorosa del cantante Raphael.

Al leer los periódicos y revistas españoles, una de las cosas que más nos interesa es ver qué efectos ha tenido la desaparición de la censura de prensa, observar cómo la prensa española usa la relativa libertad que ha obtenido desde la muerte de Franco.

En algunos aspectos, los cambios son evidentes. Ahora la prensa critica al gobierno bastante abiertamente, se discuten en forma franca los problemas económicos y sociales, como el alto porcentaje de desempleo y de inflación que sufre el país; se dedica menos espacio al arte y la literatura, y bastante más a cuestiones como el agudo aumento[22] de la criminalidad en años recientes o la posición todavía subordinada de la mujer española. La aparición, en los puestos de revistas, de publicaciones que siguen el modelo de *Playboy* es prueba evidente del colapso de una de las más obvias barreras que antes imponía la censura del gobierno. Y algunas revistas se sienten en libertad de dirigir las sátiras más mordaces[23] contra el nuevo sistema y sus figuras más prominentes.

Pero, en otros sentidos, la prensa española, en general, observa aún ciertas reglas no escritas que son casi una forma de autocensura[24]. Se critica, por ejemplo, a los ministros y al Presidente del gobierno, pero no a la persona del rey; raramente se ve un ataque directo contra la Iglesia católica, el Ejército o la Guardia Civil (1), es decir, contra instituciones fundamentales de la España tradicional. En parte, es explicable que la prensa observe aún cierta cautela. La libertad de prensa es

---

[20] nobility
[21] baptism
[22] *agudo...* sharp increase

[23] biting, critical
[24] self-censorship

aquí un fenómeno relativamente reciente y es natural que teman ir demasiado lejos, atacar instituciones que, como el Ejército, son todavía poderosas y potencialmente capaces de tomar represalias[25]. Aparte de esto, parece existir también una especie de consenso[26] en cuanto a la conveniencia de respetar esas instituciones básicas como una manera de cooperar al mantenimiento de la estabilidad nacional, que muchos consideran aún precaria.

Pero me parece que hay algo más. El español, más que el norteamericano, encuentra difícil poner en tela de juicio[27] los símbolos de su nacionalidad, hacerlos objeto de un escrutinio desapasionado o exponer sus debilidades[28] a la luz pública; mucho menos convertirlos en tema de chistes o irreverencias. Un español, por ejemplo, probablemente encontraría de mal gusto el ver en la televisión norteamericana una caricatura de George Washington alentando a los televidentes[29] a comprar billetes de la lotería, o leer en los periódicos detalles embarazosos sobre la vida íntima del Presidente de los Estados Unidos o de su familia.

Uno de los temas favoritos de la prensa española es precisamente la vida y el modo de ser del pueblo norteamericano. No hay duda de que la cultura norteamericana—su música, sus modas, su tecnología, sus prácticas comerciales—ha tenido una gran influencia en España y en el resto de Europa; influencia que se nota incluso[30] en el formato de la prensa española: en las técnicas que emplea para anunciar los productos, por ejemplo, o en las listas de "los diez libros más vendidos" o "las cuarenta canciones más populares" que publica. Al mismo tiempo, quizás como una natural reacción de autodefensa, se publican no pocos artículos críticos sobre el sistema norteamericano, su política internacional, el poder económico de las compañías multinacionales, y otras cosas parecidas. Uno de sus temas favoritos es el modo de vida norteamericano, su psicología, sus modas, su música, sus costumbres. Y también en esto son frecuentes las críticas y los

---

[25] *tomar...* to take reprisals
[26] *una...* a kind of consensus
[27] *poner...* question
[28] weaknesses

[29] *alentando...* encouraging the TV viewers
[30] even

estereotipos que presentan a la sociedad estadounidense como una sociedad materialista, esclava del "consumerismo" y de costumbres demasiado liberales. Los incidentes violentos, las excentricidades de ciertos norteamericanos, las protestas y manifestaciones[31] que ocurren en los Estados Unidos, reciben especial atención. Un norteamericano podría decir, no sin cierta razón, que el español que conoce a los Estados Unidos solamente a través de la prensa local puede adquirir una idea algo distorsionada de la realidad norteamericana.

Yo le hacía esta observación el otro día a un amigo español que conoce bien los Estados Unidos, pero él me rebatía[32]:

—Lo que dices es cierto, pero recuerda que lo mismo ocurre con la prensa de los Estados Unidos. La prensa, en todas partes, destaca[33] lo sensacional, la noticia que se vende bien porque provoca la curiosidad del público. Como dicen los americanos, "las noticias buenas no son noticias". ¿Qué noticias publican los periódicos norteamericanos sobre España y Latinoamérica? Casi siempre cosas negativas: revoluciones, golpes de estado[34], secuestros[35], asaltos terroristas... ¿No crees que el norteamericano tiene también una imagen distorsionada de nosotros? La diferencia es que nuestra prensa, al menos, le presta atención a lo que sucede en los Estados Unidos. En cambio, para que un escritor español aparezca en un periódico norteamericano, tiene que ganar, por lo menos, el premio Nóbel...

✤ Nota

1. La Guardia Civil es un cuerpo especial de policía que existe en España desde el siglo XIX: una élite paramilitar que es símbolo de "la ley y el orden" en el país, especialmente en las zonas rurales, donde se la mira con una mezcla de temor y respeto. Los guardias civiles son blancos (*targets*) favoritos de los ataques terroristas contra el go-

---

[31] demonstrations
[32] retorted
[33] emphasizes

[34] *golpes...* coups d'état
[35] kidnappings

bierno. Son fácilmente reconocibles por sus sombreros tricornios (*three-cornered hats*).

✣ *EJERCICIOS*

I | ¿Cierto o falso?

Si es falso, explique por qué.
1. *ABC* es una revista en inglés que se publica en París.
2. Los periodistas españoles son, por lo general, mesurados e impersonales.
3. Los despachos de las agencias de noticias son las secciones más fáciles de leer de los periódicos españoles.
4. Todo el material de los periódicos españoles está escrito por periodistas profesionales.
5. Las publicaciones españolas dedican más espacio al arte y la literatura que las publicaciones norteamericanas.
6. En España no existen revistas frívolas como en los Estados Unidos.
7. Las publicaciones españolas muestran mucho interés en la vida de la nobleza.
8. La censura de prensa aumentó después de la muerte de Franco.
9. La prensa española raramente critica directamente al rey o a su familia.
10. La prensa española destaca especialmente los aspectos positivos de la sociedad norteamericana.
11. La prensa norteamericana cubre normalmente las buenas noticias que vienen de España y Latinoamérica.

II | Vocabulario

A. *Sinónimos*
Seleccione las palabras sinónimas en las dos columnas:

1. cautela   periodista
2. aumento   noticia

3. mesurado	típico
4. corresponsal	comentario indiscreto
5. despacho	contribuyente ocasional
6. promedio	precaución
7. chisme	incremento
8. colaborador	prudente

Sustituya las palabras en itálicas por términos sinónimos de la lista, en su forma verbal apropiada:

1. La prensa norteamericana no vacila en *cuestionar* las actividades de sus gobernantes.
2. Parece que el gobierno va a *reaccionar violentamente* contra los terroristas.
3. Mi amigo dice que la prensa sólo *hace énfasis en* las malas noticias.
4. Jack Anderson no vacila en *expresar opiniones* sobre los miembros del Congreso.
5. Normalmente, los periodistas *toman en consideración* varios puntos de vista.
6. El hombre moderno *depende demasiado* de las cosas materiales.

estar acostumbrado
tomar represalias
emitir juicios
poner en tela de juicio
destacar
tener en cuenta
escribir con cautela
ser mesurado
convertir en
ser esclavo
seguir el modelo

III | Ideas y creencias

1. Los periodistas españoles generalmente se abstienen de publicar detalles embarazosos sobre la vida íntima del rey y su familia. ¿Cree usted que los periodistas norteamericanos deben de hacer lo mismo en el caso del Presidente de los Estados Unidos y su familia? ¿Por qué sí o por qué no?
2. Según el profesor, algunas revistas españolas "parecen sentir una instintiva fascinación por la nobleza". En los Estados Unidos no hay muchos duques, condes o marqueses, como en Europa. Pero, ¿existe una "nobleza" norteameri-

cana? ¿Quiénes son sus miembros? ¿Qué actitud muestra la prensa norteamericana hacia ellos?

3. ¿Por qué es muy importante para la prensa norteamericana la Primera Enmienda (*Amendment*) de la Constitución?

4. Algunos críticos de la prensa y de las cadenas (*networks*) nacionales de televisión de los Estados Unidos creen que éstas son demasiado poderosas. ¿Comparte usted esa opinión?

5. En su opinión, ¿qué prensa es más influyente en los Estados Unidos, la prensa escrita o la prensa televisada? ¿Por qué cree usted eso?

IV | Proyecto de clase

Antes de venir a clase, los alumnos mirarán una o más revistas o periódicos norteamericanos de su elección, o que el profesor o la profesora les haya sugerido. El objetivo será adquirir una idea de la cantidad y tipo de noticias sobre los países extranjeros que contiene la publicación o publicaciones escogidas. Luego, en clase, los alumnos discutirán algunos aspectos de este tema. Por ejemplo:

Si en la publicación o publicaciones que han usado como muestra (*sample*) se presta suficiente atención a las cosas que ocurren en otros países.

Qué áreas del mundo reciben mayor atención y qué áreas reciben menos, y las posibles razones de esto.

Si hay algunos aspectos de la vida de esos países que se destacan especialmente. ¿Ejemplos?

Si la muestra que han examinado permite sacar algunas conclusiones generales sobre la manera en que la prensa norteamericana cubre las noticias de otros países.

VI | Ejercicio escrito

Usted va a escribir un reportaje periodístico sobre un incidente de la vida real que haya ocurrido recientemente. Puede escoger, por ejemplo, un ataque terrorista, un accidente, una anécdota de interés humano, una anécdota sobre su personalidad favorita... En cualquier caso, deberá escribirlo de acuerdo con las reglas periodísticas norteamericanas: su reportaje deberá cubrir las preguntas básicas: ¿quién?, ¿qué?, ¿cuándo?, ¿dónde?, ¿por qué?, ¿cómo?, aunque no necesariamente en ese orden.

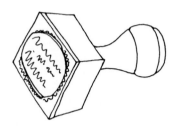

✤ X

Legalismo e individualismo

Siempre se menciona la lenta y complicada burocracia de los países hispanos como una de sus características más irritantes. Por supuesto, la burocracia, en mayor o menor medida[1], es un problema en casi todos los países. Pero en las naciones hispanas no se limita a los trámites[2] oficiales de las oficinas del gobierno sino que se extiende a muchos otros servicios y actividades de la vida diaria. Por eso es muy probable que, tarde o temprano, el turista o el estudiante extranjero tenga que experimentar[3] las inconveniencias del sistema. Si necesita usted cambiar dinero en un banco o enviar un paquete por correo, debe estar preparado para hacer cola[4] delante de dos

---

[1] measure
[2] (legally required) steps
[3] to experience
[4] *hacer...* to stand in line

o tres ventanillas diferentes, mostrar su pasaporte varias veces, llenar formularios con mucho cuidado, pues los burócratas hispanos exigen exactitud y detestan las correcciones. Si no es usted hablante nativo, no espere muchas concesiones: el empleado le hablará a velocidad normal (unas cuatro palabras por segundo), y si usted no le entiende la primera vez, él, en tono impaciente, le repetirá las mismas palabras... exactamente a la misma velocidad.

Uno de los problemas es que estos empleados y burócratas hispanos son muchas veces individuos mal pagados, que hacen su trabajo sin entusiasmo pues carecen de[5] grandes incentivos económicos u oportunidades de ascenso[6]; además, sus empleos son poco interesantes, monótonos, por regla general. Es difícil culparles si a menudo atienden al público con indiferencia y, sobre todo, sin prisa[7]. Yo conozco a un joven norteamericano que pasó un tiempo trabajando con el *Peace Corps* en Paraguay. Su madre, ingenuamente[8], le envió desde los Estados Unidos, para la Navidad, un paquete de galletas[9] a principios de diciembre. En junio del año siguiente, el joven recibió una notificación de la Aduana[10] del Paraguay diciéndole que había allí un paquete para él. Este joven, que es un optimista incurable, me decía luego:

—Pero aproveché[11] las galletas, después de todo: las usé como pisapapeles[12].

Mas si esa burocracia es lenta e ineficiente, demanda, en cambio, que sus víctimas sigan los reglamentos[13] al pie de la letra[14], y no le gustan las categorías inesperadas[15]. El escritor cubano Guillermo Cabrera Infante cuenta que una vez quiso sacar un libro de la Biblioteca Nacional de La Habana, y, al llenar el formulario, puso, como profesión, "escritor". La empleada de la biblioteca, después de leer el formulario, le dijo que no podía sacar el libro porque el ser escritor no es una profesión. Cabrera, entonces, escribió: "periodista", y el problema quedó resuelto.

---

[5] *carecen...* lack
[6] promotion
[7] haste
[8] naïvely
[9] crackers, cookies
[10] Customhouse
[11] made good use of
[12] paperweights
[13] regulations
[14] *al...* to the letter
[15] unexpected

¿Hay alguna manera de vencer[16] los obstáculos de esa burocracia? Normalmente, sólo hay dos armas efectivas contra ella: paciencia y resignación. En España, particularmente, el burócrata no sólo es a menudo una persona difícil sino también incorruptible. No le aconsejamos a nadie que trate de ganar su simpatía ofreciéndole dinero (especialmente en el caso de los policías de tránsito españoles). La realidad es que ese espíritu legalista del español es genuino, y es parte de una contradicción básica que existe en su carácter; contradicción que, aunque ha sido señalada[17] muchas veces, nadie ha podido explicar satisfactoriamente. El carácter español, en efecto, posee un fuerte impulso individualista y anárquico que ayuda a explicar, al menos parcialmente, la turbulenta historia política de España e Hispanoamérica; pero, al mismo tiempo, siente la necesidad de justificar constantemente sus actos ante un orden superior, religioso, moral, legal. La historia de la conquista de América está llena de hechos e incidentes que ilustran bien esto. Por ejemplo, el gobierno español de aquella época no les prohibió a los conquistadores que emprendieran[18] guerras de conquista contra los indios americanos, pero les exigía que, antes de atacarlos, les leyeran un documento escrito en español (y autenticado por un notario público) en el que se invitaba a los indios a rendirse[19] y a aceptar la fe cristiana.

El legalismo hispano tiene, sin embargo, su talón de Aquiles[20]: ese individualismo que es también parte esencial de su carácter. La impersonalidad del burócrata hispano puede desintegrarse rápidamente si reconoce la presencia de un amigo o de una persona con quien pueda identificarse de manera personal. Yo tengo un amigo venezolano, por ejemplo, que fue una vez a una biblioteca de Sevilla donde se guardan[21] muchos manuscritos valiosos. El bibliotecario[22] que lo recibió le dijo, en forma impaciente, que no podía mostrarle la colección de libros antiguos. Y cuando mi amigo trató, por lo menos, de visitar el salón de lectura[23] de la biblioteca, el

---

[16] to overcome
[17] pointed out
[18] *que...* to undertake
[19] to surrender

[20] *talón...* Achilles' heel
[21] *se...* are kept
[22] librarian
[23] *salón...* reading room

mismo bibliotecario le dijo que había dos profesores extranjeros haciendo investigaciones allí y que era mejor no molestarles[24]. Ya mi amigo iba a irse de allí, descorazonado[25], cuando el bibliotecario le preguntó de pronto:

—¿Es usted venezolano, por casualidad?

—Sí, señor.

—¡Ah, yo pasé los mejores años de mi juventud en Venezuela! ¡Qué país más maravilloso...!

¿Es necesario decir que desde ese momento mi amigo tuvo acceso a cualquier libro de la biblioteca que quisiera consultar?

Desgraciadamente[26], no siempre tiene uno la suerte de mi amigo venezolano. Yo nunca olvidaré la primera visita que hice a la Biblioteca Nacional de Madrid, la más importante de España. Cuando traté de entrar en ella, un empleado uniformado[27] que estaba en la puerta me detuvo.

—¿Y usted a dónde va?

Tuve ganas de[28] decirle: "Voy a jugar al golf dentro de la biblioteca", pero me contuve[29] y le respondí:

—Quiero consultar unos libros.

—No puede entrar si no tiene pase[30] —me dijo él.

—¿Y dónde puedo conseguir un pase?

—Allí —me contestó, señalando hacia un mostrador[31] detrás del cual trabajaban varios empleados.

Hacia allí fui, y la empleada que me atendió me dio el pase después de hacerme esperar por diez minutos.

—Este pase sólo es válido por el día de hoy —me advirtió[32].

—¿Y si necesito venir todos los días a la biblioteca?

—Entonces puedo darle una tarjeta[33] que es válida por un año.

—Muy bien, quisiera una de ésas.

—¿Tiene usted dos fotografías?

—No...

—Tendrá que traer dos fotografías para obtener la tarjeta.

---

[24] bother them
[25] dejected
[26] Unfortunately
[27] uniformed
[28] *Tuve...*   I felt like

[29] *me...*   I restrained myself
[30] pass
[31] counter
[32] *me...*   warned me
[33] card

—Muy bien, las traeré mañana. ¿Puedo usar la tarjeta para sacar libros de la biblioteca?

La empleada me miró con la curiosidad de quien mira una nueva especie zoológica.

—¿Quiere usted sacar libros de aquí?

—Sí. ¿No es posible hacerlo?

—Es posible, pero no con la tarjeta. Hay un formulario que tendrá usted que llenar. Además, deberá traer dos cartas de recomendación de dos firmas comerciales de Madrid, dos firmas reconocidas[34] que le garanticen[35] a usted.

—Muchas gracias. Quizás en otra ocasión.

Armado con mi pase, entré por fin en la biblioteca. Pero mi aprendizaje[36] no había terminado todavía. Pronto descubrí que los visitantes no tienen acceso a los anaqueles de los libros[37]. Era necesario ir a otro mostrador, llenar un formulario por cada título y dárselo a un empleado.

—¿Quiere usted cuatro libros? Sólo puede pedir tres cada vez.

—Bueno, estos tres.

—¿Qué número de mesa tiene usted?

—¿Número de mesa?

—Sí, el número de su mesa en la sala de lectura.

Cuando le dije que no lo tenía me refirió a otro empleado. Nuevo formulario y por fin recibí un número de mesa.

—Vaya a la sala de lectura y espere allí. Un empleado le llevará los libros.

Obedecí. Media hora más tarde, un empleado se me acercó con un libro en la mano y me lo entregó.

—¿Y los otros dos libros que pedí?

—No se han podido encontrar. Parece que usted cometió un error al escribir las señas[38].

Asentí[39] con resignación. Pero mis impresiones de ese día no fueron completamente negativas, pues descubrí que, junto al salón de lectura, la biblioteca tenía un restaurante donde era posible disfrutar de un buen almuerzo. Al llegar el mediodía, el olor de la cocina[40] española invadía la sala de

---

[34] reputable
[35] *le...* vouch for you
[36] apprenticeship
[37] *anaqueles...* bookstacks
[38] call numbers
[39] I nodded
[40] cuisine

lectura y, momentáneamente, el ambiente académico quedaba derrotado[41] por el aroma de la paella valenciana (1).

En los días siguientes visité la biblioteca diariamente. Pronto conocí a otros visitantes asiduos[42] que, como yo, pasaban toda la mañana estudiando en silencio en la sala de lectura y, al llegar la una de la tarde, estaban más que listos para almorzar y conversar un rato en el restaurante de la biblioteca. Me hice amigo, en particular, de un grupo de españoles jóvenes que estaban preparándose para unas oposiciones (2) de profesores de segunda enseñanza. Me hicieron parte de su grupo y a menudo me hacían preguntas sobre la vida académica en los Estados Unidos. Cuando salió a relucir[43] el tema de las bibliotecas y la manera en que éstas funcionan en los Estados Unidos, expresaron no poca admiración.

—Así es que allí —me dijo uno de ellos— usted entra hasta los anaqueles como Pedro por su casa[44] y saca los libros que necesita sin ningún problema.

—Sí, más o menos.

—Por Dios[45], ¿y no les roban muchos libros?

—Me imagino que sí, pero yo creo que las bibliotecas allí calculan de antemano[46] el número de libros que tendrán que reponer[47] todos los años y los incluyen en el presupuesto[48].

—En otras palabras —dijo otro de ellos— las computadoras hacen un estimado de la cuota de libros que les pertenece[49] a los ladrones[50].

—Bueno, no exactamente...

—Estos americanos son unos tíos[51] increíbles.

✣ Notas

1. La paella valenciana es el famoso plato típico, originado en la región de Valencia pero muy popular hoy en toda España y en el mundo hispánico. Sus ingredientes básicos

---

[41] defeated
[42] frequent
[43] *salió...*   came up
[44] *como...*   as if one were at home (Spanish saying)
[45] *Por...*   For heaven's sake

[46] *de...*   beforehand
[47] to replace
[48] budget
[49] belongs
[50] thieves
[51] guys (colloquial)

son el arroz, coloreado de amarillo con azafrán (*saffron*),
trozos (*pieces*) de pollo y puerco o chorizo (*pork sausage*),
y mariscos: gambas (*shrimp*), llamadas *camarones* en Hispanoamérica, almejas (*clams*), mejillones (*mussels*), etcétera. Un plato delicioso, especialmente a la una de la tarde
en una biblioteca.
2. Oposiciones: véase la nota #4, Capítulo VIII.

✢ *EJERCICIOS*

I │ Preguntas

1. Si usted está en España y quiere enviar un paquete por
correo, ¿qué cosas tiene que hacer?
2. ¿Por qué los burócratas españoles atienden al público sin
entusiasmo? Dé dos razones.
3. Según la bibliotecaria de La Habana, ¿cuál es la diferencia entre *escritor* y *periodista*?
4. ¿Es aconsejable ofrecerle dinero a un burócrata español?
5. ¿Era lógico el documento que los españoles les leían a
los indios?
6. ¿Qué rasgo del carácter español demuestra la anécdota
del señor venezolano?
7. ¿Qué se necesita para entrar en la Biblioteca Nacional de
Madrid?
8. ¿Para qué necesitaba el profesor traer dos fotografías a la
Biblioteca?
9. ¿Es fácil sacar libros de la Biblioteca? Comente.
10. El profesor encontró que la Biblioteca tenía por lo menos
un aspecto positivo. ¿Cuál?
11. ¿Qué característica de las bibliotecas norteamericanas les
sorprendió más a los amigos españoles del profesor?

II │ Vocabulario

A. *Definiciones*
Diga qué verbos corresponden a las definiciones.

1. Poner una cosa en manos de otra persona.

2. Decir que una persona es responsable de una mala acción.
3. Unirse a una fila de personas que esperan su turno.
4. Dominar nuestros impulsos.
5. Iniciar una acción.
6. Reemplazar una cosa que se ha perdido.
7. Dejar de combatir y entregarse al enemigo.
8. No tener una cosa.

culpar	entregar	contenerse	incluir
hacer cola	registrar	reponer	rendirse
sostenerse	pertenecer	carecer	emprender

Ahora, encuentre las palabras que van con estas definiciones.

1. Clasificación a la que pertenece un animal.
2. Mueble donde se ponen libros.
3. Individuo que ha perdido su entusiasmo.
4. Persona que se dedica a robar.
5. Documento que necesitamos para ser admitidos a un lugar.
6. Promoción a un trabajo mejor.
7. Los números que tiene un libro en una biblioteca.
8. Un requisito legal que tenemos que satisfacer.

ladrón	rato	descorazonado	señas
especie	pase	trámite	presupuesto
paquete	anaquel	anárquico	ascenso

Finalmente, dé usted sus propias definiciones de estos términos.

Peace Corps	sala de lectura	bibliotecario
burócrata	hablante nativo	aduana

III │ Ideas y creencias

A. *Comentarios*
1. En los Estados Unidos, tradicionalmente, los políticos conservadores y los liberales han tenido ideas diferen-

tes sobre el papel (*role*) y el tamaño (*size*) de la burocracia federal. Explique qué ideas favorecen unos y
otros. ¿Cuál es su opinión personal sobre esto? ¿Cree
que la mayoría del público está de acuerdo con usted?

2. Trate de expresar, hablando en primera persona, las
probables opiniones de las siguientes personas sobre
la burocracia del gobierno federal:
Un hombre de negocios de Dayton, Ohio.
Un indio americano de una reservación de Minnesota.
Un empleado de la Secretaría de Educación en Washington, D.C.

3. El Senador William Proxmire, de Wisconsin, creó un
premio ficticio, *"The Golden Fleece Award"* para casos
extremos en que el gobierno concede grandes canti-
dades de dinero para financiar investigaciones o proyectos que, aparentemente, tienen poca o ninguna utilidad. Por ejemplo: $500.000 dólares para investigar los
hábitos sexuales de ciertos animales raros. ¿Conoce
usted o puede inventar casos similarmente extrava-
gantes?

4. Por otra parte, ¿es posible que esas críticas puedan tener un efecto negativo sobre las investigaciones
científicas? Por ejemplo: "Premio del año 1903: $10.000
a los hermanos Orville y Wilbur Wright para desarrollar
una máquina más pesada que el aire capaz de volar
grandes distancias". ¿Qué cree usted de esto?

5. En general, los burócratas son objeto de muchas críticas. ¿Es posible que hayamos creado un estereotipo
negativo y un poco injusto? ¿Puede usted dar uno o
más ejemplos de burócratas que no corresponden a ese
estereotipo?

B. *Puntos de vista*

Como usted ha visto, las bibliotecas españolas no funcionan de la misma manera que las norteamericanas.
Ahora, trate de describir algunas diferencias importantes
que hay entre el sistema de la Biblioteca Nacional de
Madrid y el de la biblioteca del *college* o universidad
donde usted estudia. Por ejemplo:

Requisitos para entrar en el edificio de la biblioteca.
Acceso a los anaqueles de libros.
Número de libros que es posible consultar.
Requisitos para sacar un libro de la biblioteca.
En general, ¿a qué conclusiones llega usted cuando compara los dos sistemas?

IV | Proyecto de clase: la burocracia universitaria

Un *college* o universidad contiene siempre una pequeña burocracia que provee todo tipo de servicios para los estudiantes. La clase tratará de hacer una evaluación de la calidad de los servicios y de la actitud de los empleados y administradores de su *college* o universidad. Por ejemplo:
La oficina de ayuda financiera.
La oficina a cargo de actividades sociales y culturales.
La oficina que aconseja a los estudiantes sobre oportunidades de trabajo y selección de carreras.
La policía de seguridad de la universidad.
La librería universitaria.
La oficina a cargo de la vivienda (*housing*).
La oficina a cargo de proveer las comidas.

En particular:
¿Cuáles de esos servicios son los más eficientes?
¿Con cuáles de ellos no están contentos los estudiantes?
¿Hay algunos servicios que la universidad debe ofrecer y no ofrece?
¿Qué recomendaciones puede hacer la clase para mejorar el sistema?
En una escala de 1 a 10, ¿qué número merecen los servicios no académicos de la universidad?

V | Ejercicio escrito: diálogo con un pequeño burócrata español

Usted está haciendo cola delante de una ventanilla de una oficina de correos de Madrid. El empleado de la ventanilla evidentemente está atendiendo al público sin entusiasmo, de

mal humor. Cuando a usted le llega su turno delante de la
ventanilla, usted entabla (*start*) un diálogo con el empleado
tratando de ganarse su simpatía y de comprender su situación.
Escriba ese diálogo. Usted puede hacerle al empleado preguntas sobre los siguientes puntos, por ejemplo:

¿Trabaja él largas horas?

¿Hace mucho tiempo que está haciendo el mismo trabajo?

¿Encuentra él interesante el trabajo?

¿Espera recibir un ascenso pronto?

¿Está él contento con el sueldo que gana?

¿Recibe buenos aumentos de sueldo periódicamente?

¿Qué le parece a él la actitud del público? ¿Tiene quejas
(*complaints*) de las personas que vienen a su ventanilla?

¿Le causan problemas los extranjeros que vienen a su ventanilla? ¿Qué problemas?

Déle usted su nombre y explíquele quién es usted. Luego,
dígale un par de palabras amigables.

Por último, dígale que usted quiere enviar un paquete a los
Estados Unidos, y trate de imaginar la manera en que él le
responde.

❧XI

Hacia Andalucía

Con la llegada de diciembre, el tiempo cambió bastante. No había nevado—casi nunca nieva en Madrid—, pero llovía a menudo y hacía frío. En nuestro hostal, doña Asunción apagaba la calefacción[1] a las nueve o las diez de la noche y había que congelarse[2] en la cama hasta el día siguiente, bajo media docena de mantas[3]. Según ella, es muy saludable dormir con frío, pero a nosotros—latinoamericanos del trópico—su teoría no lograba convencernos. "¿Dónde está esa legendaria 'España soleada'?", empezamos a preguntarnos, entre escalofríos[4]. Y la respuesta nos pareció obvia: en el sur, en Andalucía.

Así que una mañana de invierno un taxi nos llevó a la estación de Atocha para tomar el tren con destino a Sevilla. En

[1] heat
[2] to freeze

[3] blankets
[4] *entre...* while shivering

apagar - to turn off

España hay unos trenes magníficos, los Talgos, con asientos muy cómodos, aire acondicionado y comidas excelentes; viajan muy rápido y las pocas paradas[5] que hacen son anunciadas con elegancia por una voz femenina, en inglés, francés y español. Nosotros, sin embargo, habíamos reservado asientos en un tren "expreso". "Expreso" quiere decir *lento* en España, pero el precio del pasaje en uno de estos trenes ordinarios es mucho más bajo (la mitad de lo que cuesta en el Talgo); además, uno viaja en ellos con gente del pueblo[6], generalmente más interesante que los pasajeros de los trenes de lujo.

Como ya éramos veteranos en el arte de viajar en trenes europeos, habíamos traído una cesta de provisiones[7] y varias botellas de agua mineral, pues no podíamos contar con que hubiera comida o agua potable en el tren. Y los demás pasajeros que viajaban en nuestro compartimiento habían hecho lo mismo. Pronto entramos en conversación con ellos y para la hora del almuerzo ya existía suficiente familiaridad para brindarnos mutuamente[8] una tajada[9] de jamón serrano[10] o un trago[11] de vino.

Entre nuestros compañeros de viaje había dos jóvenes estudiantes de la Universidad de Madrid que iban a Sevilla para pasar las vacaciones de Navidad. Cuando les dije que soy profesor de un *college* norteamericano, empezaron a hacerme numerosas preguntas sobre nuestro sistema educacional: ¿cuántos alumnos hay en una clase promedio?, ¿existe bastante contacto entre alumnos y profesores?, ¿se oye la opinión de los estudiantes en cuestiones políticas y académicas?... De mis comentarios, hubo dos en particular que les sorprendieron: uno, cuando les dije que no es raro que un profesor en los Estados Unidos se lleve a sus estudiantes a su casa, una que otra vez[12], para tener la discusión de clase en un ambiente más familiar; otro, cuando se enteraron de[13] que en muchas universidades norteamericanas los estudiantes hacen evaluaciones escritas de sus profesores al final de cada semestre.

—¿Y ustedes —les pregunté— qué piensan de su sistema?

---

[5] stops
[6] *gente...* the common people
[7] *cesta...* basket with food
[8] *brindarnos...* offer each other
[9] slice
[10] *jamón...* a variety of Spanish ham
[11] drink
[12] *una...* occasionally
[13] *se...* learned

—Para mí —contestó uno de ellos—, el principal problema es que no invertimos[14] lo suficiente en la educación. En toda España sólo hay unas pocas universidades, unas treinta, creo, lo que quiere decir que solamente una minoría de los estudiantes capacitados[15] puede asistir a la universidad. Y los afortunados, como nosotros, tenemos que asistir a clases atestadas[16] donde el profesor se limita a dar su conferencia frente a una multitud de alumnos; esto no permite que haya mucha discusión ni que el profesor llegue a conocer a sus estudiantes.

—Además —agregó el otro—, los planes de estudio son muy rígidos; el estudiante no tiene la oportunidad de escoger las asignaturas que quiere ni tiene voz para tratar de reformar el sistema.

—Bueno —les dije—, el sistema de los Estados Unidos tampoco es perfecto. También allí los estudiantes se quejan.

—¿Y de qué se quejan?

—De que los planes de estudio son demasiado rígidos y de que no tienen suficiente voz para tratar de reformar el sistema.

—¿Oh?

Nuestro tren había descendido la meseta de Castilla y avanzaba ya por tierras de Andalucía. La temperatura había subido y el paisaje había cambiado. Ahora atravesábamos[17] campos de tierras rojizas[18] donde se cultivan la aceituna, la uva, la naranja[19]; el árbol de la aceituna, el olivo, es uno de los más típicos de la región. Hay que recordar que Andalucía se encuentra cerca de África; sus inviernos son suaves—las casas, por lo general, no tienen calefacción—y sus veranos son muy cálidos. Abundan aquí las palmas y otras plantas típicas de los climas semitropicales. Solamente en las montañas andaluzas[20], donde el clima es modificado por la altura[21], ocurren temperaturas más frías. Esto sucede, por ejemplo, en la ciudad de Granada, situada a unos 700 metros sobre el nivel del mar, en las estribaciones[22] de la Sierra Nevada, la cordillera más alta de la región. Más al norte, sin embargo, Córdoba y Sevilla

[14] invest
[15] qualified
[16] crowded
[17] were crossing
[18] reddish

[19] *aceituna...* olive, grape, orange
[20] Andalusian
[21] altitude
[22] *en...* in the foothills

se encuentran en los llanos regados[23] por el río Guadalquivir. Al sur, los 170 kilómetros de la Costa del Sol disfrutan temperaturas promedio de 54 grados Fahrenheit en invierno y 70 en verano.

Ésta, sí, es la tierra del baile flamenco y de los gitanos. Andalucía, recordemos, fue el centro de la cultura árabe en España durante casi ocho siglos y quien visita sus principales ciudades encuentra a cada paso los recuerdos de esa cultura: en la arquitectura, en la música, aun en el tipo racial y en el carácter de la población; los andaluces son con frecuencia de piel más oscura que los españoles del norte y su carácter es menos reservado y austero que el de los castellanos. Hay aquí, en general, un ambiente más sensual—mezcla de europeo y oriental—que en el resto de España. Al mismo tiempo, esta influencia árabe coexiste con la de las otras culturas importantes—romana, judía, cristiana (1)—que dan su perfil[24] único a la región.

Ya cerca de Sevilla, subió al tren un sevillano, obrero de fábrica, quien en seguida entabló conversación con nosotros; como andaluz de las clases populares, nuestro nuevo compañero de viaje no pronunciaba la *s* final de las palabras y ceceaba (2) al hablar. Pronto supimos que el hombre era un obrero especializado y por eso ganaba un poco más que un trabajador promedio; pero se quejaba de que su salario de unas 35.000 pesetas al mes (unos 525 dólares) no le alcanzaba para vivir.

—Pago 15.000 pesetas mensuales de alquiler[25] —nos dijo—, una camisa decente cuesta 2.000 pesetas... Y el coste de la vida aumenta cada día, un veinte por ciento solamente este año...

Nuestro nuevo amigo continuó su discurso lleno de expresiones de inconformidad; a veces hablaba como un revolucionario radical.

Por fin, Rositina logró interrumpirle para preguntarle:

—Dígame, ¿qué lugares de Sevilla nos recomienda usted visitar?

Su expresión cambió instantáneamente, el descontento desapareció de su rostro[26].

---

[23] *llanos...* plains watered
[24] character
[25] rent
[26] face

—Sevilla tiene muchas cosas hermosas —nos dijo—, pero hay una que nadie debe dejar de ver: la Basílica de Nuestra Señora de la Macarena.

—¿La iglesia donde está la famosa virgen?

—La virgen más santa de España. Cuando vayan a verla, fíjense[27] en la cicatriz[28] que tiene en la mejilla[29].

—¿Una... cicatriz?

—Y una cicatriz que tiene su historia. ¿Quieren oírla?

Hace unos años, nos explicó nuestro amigo, durante la procesión de la Semana Santa[30], ocurrió algo increíble. Mientras llevaban la imagen de la Macarena por una calle de Sevilla, un hombre borracho[31] se le acercó gritándole insultos y le arrojó[32] a la cara el vaso de licor que traía en la mano, produciendo un desconchado[33] en la mejilla de la Virgen. Desde entonces, han sido inútiles todos los esfuerzos que se han hecho para reparar el daño[34]: se han traído artistas expertos para retocar[35] la cara de la imagen y disimular[36] la cicatriz, pero ésta siempre vuelve a aparecer. ¿Y qué le pasó al agresor? Según nuestro amigo, el hombre fue condenado a varios años de prisión, pero lo curioso es que, cuando se le pasó la borrachera[37], resultó ser un ferviente devoto de la Virgen y quedó tan avergonzado[38] de su profanación que obtuvo permiso de las autoridades para hacer un acto de arrepentimiento[39] sin precedentes: cada año, durante la procesión de la Semana Santa, marchó detrás de la imagen de la Macarena, vestido de presidiario[40] y arrastrando[41] unas pesadas cadenas[42].

¿Será cierta esta historia? Si no lo es, merece serlo[43]. Mientras avistábamos[44] los primeros edificios de Sevilla en la distancia, me di cuenta de que este obrero sevillano nos había ofrecido una magnífica introducción al espíritu de esta ciudad del Guadalquivir.

---

[27] notice
[28] scar
[29] cheek
[30] *Semana...* Holy Week
[31] drunk
[32] threw
[33] chip
[34] damage
[35] to touch up

[36] to disguise
[37] *se...* he got over his drunkenness
[38] ashamed
[39] repentance
[40] convict
[41] dragging
[42] *pesadas...* heavy chains
[43] *merece...* it deserves to be (true)
[44] caught sight of

❧ Notas

1. En el siglo III A.C. (antes de Cristo), los celtas (*Celts*), los iberos y otros pueblos que habitaban la España actual fueron conquistados por Roma. Los romanos ocuparon España por seis siglos e hicieron de ella una provincia de su imperio, con el nombre de Hispania; entre otras cosas, le dieron a la Península su lengua, el latín—que con el tiempo se convirtió en español—, y su sistema legal, el Derecho Romano. En el siglo IV, el cristianismo se convirtió en la religión oficial de Roma, y, por lo tanto, de España. La influencia romana fue especialmente importante en la actual Andalucía. En general, el legado (*legacy*) cultural de Roma sobrevivió la ocupación de España por los "bárbaros" visigodos (*Visigoths*), a la caída del Imperio Romano en el siglo V, y la subsecuente ocupación de los árabes. Los judíos (*Jews*) vivieron en España desde los tiempos de Roma, pero alcanzaron su mayor prominencia durante los siglos XII, XIII y XIV, tanto en los reinos cristianos como en los territorios ocupados por los árabes. Los judíos españoles fueron muy importantes no sólo en la vida económica de la Península sino también en las ciencias—especialmente en la medicina—y en las letras. En el siglo XV, sin embargo, se desarrolló un clima de intolerancia hacia ellos que culminó en el Decreto (*Decree*) de Expulsión de 1492; en él, Isabel y Fernando ordenaron la expulsión inmediata de todos los judíos españoles, a no ser que se convirtieran al cristianismo. Parte de la población judía accedió a convertirse y formó una minoría discriminada: los conversos; el resto—quizás 170.000— optó por salir de España, dejando atrás casi todas sus posesiones personales. Éstos son los judíos conocidos como sefarditas (*Sephardic Jews*) que tuvieron que emigrar a todas partes del mundo. El primer grupo de ellos llegó a los Estados Unidos muchos años después, en 1654, y estableció la primera comunidad judía en *New Amsterdam*, hoy *New York*. El barco en que llegaron, el *Saint Charles*, ha sido llamado "*The Jewish Mayflower*".

2. Como se sabe, en la mayor parte de España la *z* y la *c* en la combinación *ce, ci,* se pronuncian con un sonido similar al de la *th* en inglés, e.g., caza, cero. Pero en Andalucía y en Hispanoamérica la *z* y la *c* se pronuncian como *s*, e.g., caza = casa; cero = sero. Por otra parte, los andaluces de las clases populares a menudo pronuncian la *s* como *c* o *z*, e.g., salir = zalir, y a esto se le llama *cecear*.

❧ *EJERCICIOS*

I | Preguntas

1. ¿Por qué decidieron el profesor y su esposa irse a Andalucía?
2. Mencione dos diferencias entre un Talgo y un tren "expreso".
3. El profesor y su esposa prefirieron tomar el tren "expreso". ¿Por qué?
4. ¿Por qué es aconsejable llevar comida y agua mineral cuando viajamos en tren por Europa?
5. ¿Por qué no hay mucho contacto entre alumnos y profesores en las universidades españolas?
6. El profesor menciona la aceituna, la uva y la naranja. ¿Por qué razón?
7. ¿Es que el clima de Andalucía le recuerda a usted el clima de alguna región de los Estados Unidos? ¿Por ejemplo?
8. La influencia árabe es notable en Andalucía. ¿Cuál es la razón de esto?
9. ¿De qué se quejaba el obrero sevillano que subió al tren?
10. Según él, ¿quién fue responsable de la cicatriz que tiene la Virgen de la Macarena en la mejilla?
11. ¿Qué hizo el hombre culpable para demostrar su arrepentimiento?
12. El profesor dice que el obrero sevillano le dio una magnífica introducción al espíritu de Sevilla. ¿Por qué dice eso el profesor?

II | Vocabulario

A. *Relaciones*

Diga qué palabras de la lista están relacionadas con estos terminos:

temperatura   vino
dinero   parte del cuerpo
comida

jamón	mantas	vaso	cara
grados	alquiler	tajada	uva
mejilla	rostro	cesta	piel
soleado	coste	borracho	trago
provisiones	congelarse	calefacción	escalofríos

B. *El clima y el paisaje*

Vocabulario útil

Hace... frío, calor, fresco, viento, sol.

El clima es... frío, caliente o cálido, templado (*temperate*), tropical, seco, húmedo, soleado, suave.

La nieve: Cae mucha nieve en Minnesota.
   Nevar(ie): Nieva mucho en Minnesota.

La lluvia: Cae mucha lluvia en Oregón.
   Llover(ue): Llueve mucho en Oregón.

Hay... montañas, llanos, cordilleras, sierras, costa, ríos, playas, valles; tierras secas, fértiles, áridas, bajas, altas, llanas.

La temperatura: Hay... grados sobre cero...bajo cero.
                La temperatura promedio es de ———— grados.

Nota: nunca diga "el tiempo hace..." ni "hace es..."

¿Preparado? Entonces, diga cómo describirían las siguientes personas el clima y el paisaje de la región donde viven:

Un joven que vive en San Francisco, California.

Un viejo que vive en Anchorage, Alaska.
Una muchacha que vive en los Alpes de Suiza.
Un niño que vive en Egipto.
Una mujer que vive en una isla del Pacífico del sur.

III | Ideas y creencias

1. ¿Cree usted que es una buena idea que los estudiantes hagan una evaluación de sus profesores al final de cada semestre? Dé sus razones. En su opinión, ¿toma su universidad muy en serio estas evaluaciones? ¿Y los estudiantes?
2. Si los estudiantes evalúan a sus profesores, ¿por qué los pacientes no hacen evaluaciones escritas de sus médicos? Comente.
3. ¿Cree usted que en los Estados Unidos la mayoría de los estudiantes capacitados puede asistir a la universidad? Comente.
4. ¿Cómo le explicaría usted a un estudiante español el significado de los siguientes términos?:

Ivy League	Homecoming
The Big Ten	Cutting class
Graduate Record Examination	Flunking out
A prerequisite	Animal house

5. A muchos norteamericanos del norte no les gusta el clima de un lugar como la Florida para vivir allí permanentemente. ¿Es usted uno de ellos? Explique las razones de su preferencia.

IV | Discusión de clase

Los alumnos de la clase discutirán algunas características del sistema de enseñanza en su universidad, teniendo en cuenta semejanzas o contrastes con las características del sistema español que se han mencionado en esta lección. Por ejemplo: Cuántos estudiantes hay en una clase promedio de esta universidad. ¿Quejas sobre esto?

Si los alumnos tienen bastante contacto con los profesores, dando ejemplos.

Qué hacen los profesores en sus clases.

Si el plan de estudios de esta universidad es muy rígido. ¿Posibles cambios?

Si los alumnos tienen voz en las cuestiones académicas de la universidad.

Qué conclusiones podemos sacar al comparar el sistema de esta universidad con el de las universidades españolas.

V | Ejercicio escrito

Haga una descripción del clima y del paisaje de la región donde usted vive. Recuerde el vocabulario útil del Ejercicio II B.

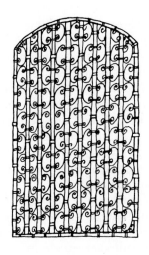

❧XII

En la ciudad del Guadalquivir

Viajar en invierno tiene sus ventajas. Es la estación en que se puede transitar civilizadamente por Europa, y especialmente por España: la *off season* del turismo. En la estación de ferrocarril de Sevilla le dimos al chofer del taxi la dirección de un hostal sabiendo que no tendríamos problemas en encontrar alojamiento. Al salir de Madrid, doña Asunción nos había dado el nombre de ese hostal, diciéndonos que el dueño era un viejo amigo suyo y nos trataría muy bien.

Al llegar al Hostal Bético, el propietario en persona, don Paco, salió a recibirnos (aproximadamente el cincuenta por ciento de los españoles se llaman Paco, el apodo[1] de Francisco). Resultó ser un señor muy amable y ceremonioso.

---

[1] nickname

Cuando mencionamos el nombre de doña Asunción, nos dijo:

—Si son ustedes amigos de doña Asunción, son amigos míos.

—¿Tiene usted habitación?

—Si no la tengo, la fabrico[2].

Luego nos dimos cuenta de que la única habitación ocupada en todo el hostal era la nuestra. Pero se trataba de un lugar encantador: una típica casa sevillana con las habitaciones construidas alrededor de un patio interior lleno de macizos de geranios[3], con una pequeña fuente en el centro. Ya era de noche y el aroma de las matas[4] del patio penetraba por nuestra ventana entreabierta[5].

—Don Paco, ¿hay cerca de aquí algún restaurante que nos pueda recomendar?

—Y muy cerca: en esa dirección...

Y su dedo señaló[6] hacia el comedor del hostal. No había remedio[7]: tendríamos que probar la comida de don Paco. La cual resultó ser excelente: primero, gazpacho, esa típica sopa fría de Andalucía; luego, pescado fresco, frito en aceite de oliva, con una ensalada de lechuga y tomates; por fin, un plato de carne con patatas fritas, y, de postre, arroz con leche[8]; todo regado[9] con un buen vino tinto de la región.

—Muy buena comida, don Paco, pero usted quiere hacernos reventar[10].

—En mi casa, amigo mío, el hambre es una extranjera.

Al día siguiente, bien temprano, nos preparamos para comenzar nuestra exploración de la ciudad.

—Qué lástima[11] —nos dijo don Paco— que ustedes no vayan a estar aquí en abril, para la Semana Santa. No hay otra celebración igual en toda España ni en el mundo.

Don Paco tenía razón. La fiesta de San Fermín, en Pamplona (1), en el mes de julio, y la Semana Santa de Sevilla son las dos celebraciones más famosas de España. En Sevilla, las procesiones religiosas de la Semana Santa son seguidas por la Feria de Abril, una semana de fiestas en que la gente duerme

---

[2] *la...* I'll build it
[3] *macizos...* geranium flower beds
[4] plants
[5] half-open
[6] *su...* his finger pointed

[7] *No...* There was no choice
[8] *arroz...* rice pudding
[9] washed down
[10] burst
[11] *Qué...* What a pity

muy poco, las calles rebosan[12] de público noche y día llenando las casetas[13] que se levantan[14] para la ocasión; casetas humildes donde la gente del pueblo se divierte tomando coñac, anís; casetas lujosas para la aristocracia donde se puede ver, quizás, a la actual duquesa de Alba, a un actor o actriz del cine norteamericano. Esta mezcla de elementos religiosos y mundanos, de sevillanos de todas las clases sociales y personalidades del *jet set* internacional, constituye un espectáculo único que atrae a miles de visitantes todos los años. Pero Rositina y yo nos alegramos de que éste no fuera el mes de abril sino una fresca mañana de invierno. Presentíamos[15] que el espíritu de Sevilla se aprecia mejor cuando las calles de sus viejos barrios están silenciosas y vacías.

Sevilla es la ciudad española que ha excitado más la imaginación de artistas nacionales y extranjeros, y no es difícil comprender por qué si paseamos al azar[16] por el laberinto de callecitas que forman su parte más antigua. Allí nos espera una pequeña sorpresa a la vuelta de cada esquina[17]: de pronto, nos hallamos en una pequeña plaza sombreada de naranjos[18]; más allá, una calle es interrumpida por una fuente de azulejos[19] árabes; frente a ella, las puertas siempre abiertas de una pequeña iglesia donde tal vez Cristóbal Colón oyó la misa[20] alguna vez. Por todas partes hay sombra[21] agradable, enredaderas[22], intimidad. En este ambiente es fácil retroceder[23] al pasado, recordar que, antes que nosotros, anduvieron por este pavimento Hernán Cortés, Francisco Pizarro, Miguel de Cervantes... Y no sólo los personajes de la historia sino también los de la fantasía: el famoso barbero de Rossini, la Carmen de Bizet (2); sobre todo, el ciudadano ficticio más célebre de la ciudad: don Juan.

Éste es quizás el rasgo más atractivo de Sevilla: su ambiente casi mágico produce un efecto especial en que lo árabe y lo

---

[12] are crowded
[13] kiosks
[14] *se...* are built
[15] We had a hunch
[16] *paseamos...* we wander
[17] *a...* at the turn of every corner
[18] *sombreada...* shaded by orange trees

[19] glazed tiles
[20] mass
[21] shade
[22] climbing plants
[23] go back

cristiano, la historia y la leyenda, la realidad y la ficción coexisten sin claras fronteras de separación. Y es un ambiente que afecta no sólo al visitante sino también a los sevillanos mismos. En la enorme catedral gótica de la ciudad, por ejemplo, hay un mausoleo donde, según los sevillanos, se encuentran los restos[24] de Cristóbal Colón. La evidencia histórica indica que no es muy probable que Colón se encuentre enterrado realmente allí, pero a los sevillanos eso no les importa mucho; le construyeron al Almirante su tumba y la mencionan, orgullosos, en todos los folletos[25] turísticos. En la Catedral se halla también otra de sus reliquias[26] más preciadas[27]: una espina[28] de la corona de Cristo. Recordemos que ese río Guadalquivir que atraviesa[29] la ciudad fue el punto de partida de los conquistadores de América, cuya imaginación inventó los mitos de Eldorado, de la Fuente de la Juventud (3)...

¿Dejó esto una marca indeleble en la ciudad? Paseando por una calle sevillana, oímos a un grupo de niñas cantar espontáneamente la siguiente canción popular:

> Por el mar se va la liebre,
> por el monte la sardina,
> y vi un árbol de ciruelo
> cargadito de manzanas... (4)

Es decir, una canción surrealista, aunque esas niñas no lo supieran. Tal vez no es casualidad que de los cuatro personajes[30] más célebres de la literatura europea—Hamlet, Fausto, don Quijote y don Juan—los dos últimos "nacieran" en Sevilla. Fue en una cárcel sevillana donde Miguel de Cervantes concibió[31] y quizás empezó a escribir su gran novela: la historia de un loco sublime que no sabía distinguir entre la realidad y sus fantasías. Y sevillano fue don Juan Tenorio, el don Juan original.

Fue, así, casi inevitable que en el siglo XIX Sevilla le diera

[24] remains
[25] brochures
[26] relics
[27] valued
[28] thorn
[29] crosses
[30] characters
[31] conceived

a España el prototipo del poeta romántico por excelencia: Gustavo Adolfo Bécquer (1836–1870). "Me cuesta trabajo[32] —escribió Bécquer una vez— saber qué cosas he soñado y cuáles me han sucedido. Mis afectos se reparten[33] entre fantasmas de la imaginación y personajes reales." Y hasta hoy no estamos seguros de la identidad de la mujer que inspiró al poeta su único libro de poemas, *Rimas*, tal vez el texto poético más leído de la lengua castellana; fue, posiblemente, la síntesis de una mujer de carne y hueso, y de la mujer ideal creada por el poeta en sus momentos de éxtasis amoroso.

> ¿Qué es poesía? dices mientras clavas[34]
> en mi pupila[35] tu pupila azul;
> ¿qué es poesía? ¿Y tú me lo preguntas?
> Poesía... eres tú.

Como poeta romántico, Bécquer amó, sobre todo, lo que no podía alcanzar[36], la mujer elusiva que no podía amarle.

> Yo soy un sueño, un imposible,
> vago fantasma de niebla[37] y luz.
> Soy incorpórea, soy intangible,
> no puedo amarte.
> —Oh, ven, ven tú.

Pero si Bécquer representa el lado espiritual y soñador[38] de Sevilla, el nombre de esta ciudad evoca también un fuerte clima de sensualidad. Junto al severo edificio de la catedral sevillana, se levanta la grácil[39], casi femenina estructura de la torre[40] árabe de la Giralda, que domina el paisaje de la ciudad. Junto a las mujeres fantasmales de Bécquer, Bizet colocó la tentadora, sensual figura de Carmen. Y si Bécquer buscaba fantasmas, Tirso de Molina—un fraile[41] escritor del siglo XVII—creó el prototipo del hombre que vive solamente para

---

[32] *Me*... It's difficult for me
[33] *se*... are divided
[34] fix
[35] pupil of the eye
[36] obtain
[37] mist
[38] dreamy
[39] gracefully slender
[40] tower
[41] friar

buscar el placer de los sentidos[42]: don Juan (5), quien podía decir con malvada[43] arrogancia:

> Sevilla a veces me llama
> el burlador[44], y el mayor
> gusto que en mi puede haber[45]
> es burlar a una mujer
> y dejarla sin honor.

¿Don Juan, personaje ficticio? Los sevillanos no están muy seguros de esto tampoco. En el siglo XVII vivió en Sevilla un joven aristócrata, Miguel de Mañara, que respondía, más o menos, a la descripción del don Juan de Tirso, y surgió la leyenda de que éste había basado su famosa obra de teatro en la vida de Mañara. La aritmética más elemental nos dice que Mañara era probablemente un niño todavía cuando apareció la obra de Tirso, pero la imaginación popular relacionó los dos nombres y la reputación de Mañara, persona de carne y hueso, ha quedado indeleblemente ligada[46] a la de don Juan, personaje ficticio.

Lo curioso es que Miguel de Mañara fue un pecador arrepentido[47]: en su madurez[48], vendió todas sus posesiones y con el dinero fundó una iglesia y un hospital donde dedicó el resto de su vida a cuidar a los pobres. Hoy, el viajero puede visitar la Iglesia y Hospital de la Caridad, en Sevilla, donde está la tumba de Mañara y donde su memoria vive todavía. La monja[49] que nos mostró el lugar habló de él con gran devoción. En el hermoso patio de la iglesia nos detuvimos un momento delante de ocho macetas[50] de rosas.

—Don Miguel trajo estas macetas a la iglesia en 1671 —nos dijo la monja—. ¡Y mire qué rosas tan maravillosas dan todavía!

¿Realidad, fantasía?

---

[42] senses
[43] evil
[44] seducer
[45] *que...* that I can enjoy
[46] connected

[47] *pecador...* repentant sinner
[48] maturity
[49] nun
[50] flowerpots

Notas

1. Éstas son las famosas fiestas en que sueltan (*release*) toros por las calles de la ciudad de Pamplona y el público corre delante de ellos, tratando de evadirlos a más que mediana velocidad.
2. El profesor se refiere, por supuesto, a *Il Barbieri di Siviglia* (*El barbero de Sevilla*) (1816), la famosa ópera cómica de Gioacchino Rossini, y a *Carmen* (1875), la ópera de Georges Bizet. Carmen, la protagonista de la obra, es una gitana sevillana que trabaja en la Fábrica de Cigarros de Sevilla (en el edificio donde hoy está la universidad de la ciudad) y seduce a los hombres con sus encantos (*charms*).
3. Durante el período colonial, todo el comercio legal entre España y las colonias españolas de América se realizaba a través del puerto de Sevilla, pues el gobierno español tenía un monopolio sobre el comercio colonial. De Sevilla salían todas las expediciones y las flotas (*fleets*) que iban al Nuevo Mundo, y allí llegaban todas las mercancías que venían de América, incluyendo el oro y la plata de México y el Perú.
4. The hare goes by way of the sea / the sardine by way of the mountain / and I saw a plum tree / full of apples.
5. Don Juan es, claro, una de las grandes figuras de la literatura occidental. Siguiendo el modelo español creado por Tirso de Molina en su obra de teatro *El burlador de Sevilla* (1630?), han aparecido en Europa y en América cientos de obras—dramas, óperas, cuentos, novelas—que tienen como protagonista a este "eterno amante" de Sevilla. El don Juan de Molière y el Don Giovanni de Mozart son dos de las versiones más famosas. En España, una nueva versión de don Juan, *Don Juan Tenorio* (1844), un drama escrito por el poeta romántico José Zorrilla, pronto se convirtió en la obra de teatro más popular del mundo hispano. Es presentada, hasta hoy, en casi todos los países hispanos, especialmente el 2 de noviembre de cada año, el "día de los muertos". En el drama original de Tirso, don Juan, al final de la obra, es condenado al infierno por sus pecados

(*sins*). En la versión romántica de Zorrilla, en cambio, don Juan se enamora sinceramente de una muchacha inocente, doña Inés, y es perdonado. Para Zorrilla, poeta romántico, no era justo que un hombre enamorado fuera al infierno.

❧ EJERCICIOS

I | Preguntas

1. ¿Por qué menciona el profesor a doña Asunción?
2. ¿Quién es don Paco? ¿Estaba lleno su hostal?
3. ¿Dónde comieron el profesor y su esposa?
4. ¿En qué mes se celebra la Semana Santa de Sevilla? ¿Qué clases de personas participan en ella?
5. El mausoleo de Cristóbal Colón en la Catedral de Sevilla muestra que los sevillanos saben usar su imaginación. ¿Por qué?
6. ¿Qué es la Giralda? ¿Dónde está?
7. ¿Qué es *Rimas*?
8. Según Bécquer, ¿qué es poesía?
9. ¿Qué tipo de hombre era Bécquer?
10. ¿Y don Juan? ¿Qué clase de hombre representa?
11. ¿Fue don Juan un personaje real o un personaje ficticio?

II | Vocabulario

A. *Oraciones*

1. Jack es el ——— de John.
2. El gazpacho es una ——— fría.
3. Había varios ——— de flores en el patio.
4. En español no se dice vino "rojo", se dice vino ———.
5. El arroz con leche es un ——— típico español.
6. El Minotauro no es un toro real, es un ——— que inventaron los griegos.

7. Con una hamburguesa me gusta comer patatas
——.
8. La sardina es mi —— favorito.
9. Una —— es una mujer religiosa que vive en un
convento.
10. Un —— es un hombre religioso que vive en un
monasterio.
11. Carl Sandburg fue ——.
12. *Romeo y Julieta* es ——.

B. *Sinónimos*
Sustituya las palabras en itálicas por los verbos apropiados
de la lista, en los tiempos verbales que correspondan:

1. Mañana el centro de Sevilla *estará lleno* de público.
2. Yo *volví* al pasado en mi imaginación.
3. El estilo gótico *apareció* en Europa en el siglo XIII.
4. Nosotros *indicamos con el dedo* en esa dirección.
5. Los españoles *establecieron* muchas misiones en
América.
6. Ella *comerá un poco de* nuestro famoso arroz con
leche.

distinguir	probar	fundar	retroceder
rebosar	evocar	surgir	disimular
señalar	alcanzar	atravesar	fabricar

C. *Respuestas*
Escoja las palabras de la lista que expresan los sentimien-
tos sugeridos.

ALUMNO 1 —¿Qué sientes cuando...
1. una persona te inspira compasión?
2. recibes una noticia que no esperabas?
3. recuerdas a una persona a quien quieres?
4. entras en una iglesia?
5. piensas en la carne y no en el alma?
6. experimentas una sensación muy agradable?

ALUMNO 2 —Siento...

afecto	placer
devoción	sorpresa
lástima	afección
sensualidad	hambre

III │ Características

Primero, estudie estas características personales:

espiritual	ardiente	orgulloso
soñador	encantador	serio
realista	amable	amoroso
grácil	ceremonioso	romántico
silencioso	malvado	hermoso
moreno	religioso	frío
mundano	aristócrata	tímido

Ahora, diga:

1. ¿Cuáles de esas características encuentra usted particularmente atractivas en un hombre (en una mujer)?
2. En su opinión, ¿cuáles de esas características le son aplicables a usted?
3. ¿Predominan las similaridades o los contrastes entre las características que usted seleccionó en 1 y 2? ¿Indica esto algo sobre su personalidad?

IV │ Ideas y creencias

1. ¿Usan su familia o sus amigos algún apodo para llamarle a usted? ¿Le gusta ese apodo o no?
2. Parece que a los sevillanos les cuesta trabajo distinguir entre la realidad y la fantasía. ¿Y a los norteamericanos? ¿Cree usted que hay diferencias entre unos y otros, o cree que estas generalizaciones no son válidas? Comente.
3. En los Estados Unidos es casi un dogma el decir que todas

las personas deben enfrentar (*face*) la realidad. ¿Qué cree usted?

4. Muchos poetas no logran alcanzar la felicidad; a menudo muestran desilusión con la vida. ¿Por qué cree usted que esto sucede?

5. Los libros que leemos, las películas que vemos, a veces reflejan nuestras preferencias por la fantasía o la realidad. ¿Qué tipos de libros y películas prefiere usted? ¿Qué conclusiones saca de ello?

V | Ejercicio escrito

Usted va a tratar de describir su fantasía favorita (suponemos que es una fantasía honesta). Diga, por ejemplo:

En qué consiste esa fantasía.

Quién es usted en ella o qué tipo de persona es.

Dónde está o vive usted en ella.

Qué cosas puede hacer en ella que no puede usted hacer en la realidad.

Si es posible o no que esa fantasía se convierta en realidad algún día.

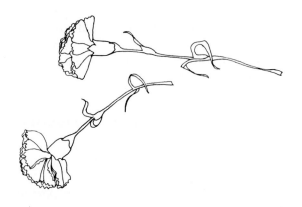

✢ XIII

Puntos de vista

Después de pasar unos días como únicos huéspedes del Hostal Bético, don Paco nos anunció una mañana que acababa de alquilarle[1] dos habitaciones a cuatro chicos norteamericanos. Pero lo dijo sin mucho entusiasmo.

—Son de estos chicos de ahora, con agujeros[2] en los calzones[3], ¿se dan cuenta? Yo no sé cómo algunos de estos muchachos, siendo tan pobres, encuentran el dinero para viajar.

—Es que no son pobres necesariamente, don Paco —le dijo Rositina—. Muchos de ellos visten así porque es la moda[4] en su país.

—Si usted lo dice... Pero, mire, tampoco los veo comer gran

---

[1] *acababa...* had just rented
[2] holes

[3] pants
[4] fashion

cosa. Vienen de la calle cargados de naranjas, y, oiga usted, con naranjas solamente no sobrevive un cristiano. Y otra cosa: ¿han visto ustedes las banderas[5] que se cosen[6] en el trasero[7]? Algunos se ponen ahí hasta la bandera de su propio país.

—También ésa es la moda, don Paco.

—Será la moda, pero yo no creo que uno deba sentarse sobre la patria.

Pero, después de desahogarse[8] con nosotros, don Paco concedió:

—Claro, no es que sean malos chicos. La mayoría de ellos son educados y respetuosos, eso sí; y callados[9], parecen viejos. Algunos hasta hablan un poco de cristiano[10], pero en voz tan baja que casi no se les entiende... No, malos chicos no son, aunque, eso sí, siempre están preguntando el precio de todo.

—Lo que pasa, don Paco, es que muchos de ellos viajan con poco dinero, con el dinero que han ahorrado[11] trabajando en su país.

—Pero usted decía que no son pobres.

—Es que aunque sus padres estén en buena posición económica, muchos sienten la obligación de ganar el dinero que necesitan para ciertos gastos. Es la costumbre americana.

—Si es así, no está mal.

Don Paco dijo esto con cierto embarazo y en seguida comprendí que estaba pensando en su hijo Paquito. Paquito lleva ocho años asistiendo a la Universidad de Sevilla pero no parece decidido a terminar sus estudios. Es un joven serio y retraído[12], con aspecto de intelectual; según don Paco, se pasa todo el tiempo escribiendo y leyendo, pero sus lecturas tienen poco que ver[13] con las asignaturas que está estudiando en la universidad. Ha publicado varios artículos literarios en los periódicos locales, y esto produce emociones encontradas[14] en don Paco: se siente orgulloso del talento literario de su hijo, pero más de una vez nos dijo con tristeza:

—¿Saben cuánto le pagan al muchacho por esos artículos que escribe? Nada, ni un céntimo.

---

[5] flags	[10] Spanish
[6] *se...* they sew	[11] saved
[7] rear end	[12] shy
[8] unburdening himself	[13] *tienen...* have little to do
[9] quiet, reserved	[14] conflicting

Don Paco, obviamente, tiene problemas económicos. Al parecer, la única entrada[15] que tienen él, su esposa y su hijo, es el dinero que produce el hostal, que debe ser muy poco. Paquito no tiene empleo ni parece demasiado preocupado por encontrar uno. Pero lo curioso es que no da la impresión de ser un joven frívolo ni irresponsable, todo lo contrario. Rositina y yo habíamos logrado vencer su timidez[16] poco a poco, y el muchacho resultó ser un conversador inteligente y sensato[17] quien, sin embargo, acepta su situación de "hijo de familia" y de estudiante profesional que tendrá que depender indefinidamente de sus padres para subsistir. Don Paco, por su parte, acepta también esta situación sin cuestionarla. Creo que, en el fondo[18], se alegra de que su hijo sea una parte permanente del pequeño mundo de su hostal. Paquito será siempre para él el pequeño Paco. Y creo que si Rositina y yo volviéramos al Hostal Bético dentro de veinte años, hallaríamos todavía a don Paco allí, quizás un poco más viejo, pero aún orgulloso de la comida que se sirve en su hostal, de los pequeños artículos que su hijo continuará publicando eternamente en los periódicos de Sevilla. Don Paco, su hostal, su familia, son, como diría Miguel de Unamuno, parte de la "intrahistoria" española, de esa vida estable, inmutable, que persiste por debajo de los cambios que el país experimenta[19] en su superficie.

De los nuevos huéspedes, dos eran muchachas norteamericanas: dos típicas turistas de *blues jeans*, estudiantes universitarias que estaban pasando sus vacaciones de invierno en España. Para don Paco, se convirtió en una cuestión de honor el convencerlas de que probaran[20] la comida de su hostal, y al tercer día las muchachas capitularon. Don Paco, para mostrarnos su triunfo, las trajo a nuestra mesa y les dijo:

—Pueden sentarse con el doctor y su señora, que también son medio americanos.

Cathy y Barbara resultaron ser estudiantes de la Universidad de Minnesota.

---

[15] income
[16] shyness
[17] sensible

[18] *en...* basically
[19] experiences
[20] try

—Yo ya soy confusa —nos dijo Cathy—. Cinco días pasados fuimos en Minneapolis con veinte *degrees below*... y ahora, de pronto, somos aquí, en este ciudad fantástico...

El español de Cathy no era perfecto, pero lo usaba sin inhibiciones, y don Paco sonrió con placer cuando ella le dijo, al final del tercer plato:

—Señor, su comida es mucho excelente. Me hace muy gorda.

Barbara, menos comunicativa que Cathy, se limitaba por la mayor parte a escuchar nuestra conversación. Las dos muchachas son especialistas en historia del arte y acababan de completar en su universidad un seminario sobre el arte árabe en España, lo cual explica la fascinación que ambas sentían por las ciudades de Andalucía. Don Paco se había sentado cerca de nosotros y al oír la palabra "árabe", no pudo contenerse:

—Doctor, dígales a las niñas que los monumentos moros[21] son muy bonitos, pero que aquí todos somos cristianos.

Al oír esto, Barbara se volvió[22] hacia él y le dijo en un español impecable:

—Sabemos, señor, que el rey Fernando el Santo reconquistó Sevilla de los moros en el siglo trece.

Don Paco se quedó perplejo.

—¡Claro, niña, claro!

—Hasta ahora —les dijo Rositina a las muchachas—, ustedes sólo han dicho cosas positivas de Sevilla y de España. ¿Es que no tienen nada negativo que decir?

Cathy sonrió maliciosamente[23] y contestó en inglés (traduzco sus palabras):

—La actitud de los hombres, la agresividad que muestran hacia las mujeres, sobre todo si son extranjeras. Cuando Barbara y yo salimos a la calle, ya sabemos qué esperar: por cada manzana[24] que andamos hay por lo menos un hombre que nos dice un piropo[25]. De vez en cuando, uno de ellos empieza a seguirnos[26], y no siempre son hombres jóvenes. Hoy mismo,

---

[21] Moorish
[22] *se...* turned
[23] mischievously

[24] city block
[25] flirtatious remark
[26] follow us

un señor como de sesenta años, que podría ser mi abuelo, nos siguió casi hasta la puerta del hostal. Nosotras, por suerte, tenemos varios amigos hispanos en Minneapolis que nos han dicho lo que hay que hacer en esos casos: no contestarles nada, ni mirarlos siquiera. Si no les hacemos caso[27], acaban por[28] cansarse y nos dejan en paz. A mí, personalmente, nada de eso me molesta[29] demasiado. Los españoles, por lo menos, no pellizcan[30] como los italianos; aquí es un deporte puramente verbal. Barbara, en cambio, sí se molesta con todo eso.

—Es que a mí me indigna[31] que un hombre me trate de esa manera —dijo Barbara—, como si yo fuera un número en una lotería sexual y no un ser humano. Yo tengo el mismo derecho que un hombre a andar por la calle, a ir dondequiera[32] sin que nadie me moleste.

Mientras las muchachas hablaban, la cara de don Paco expresaba el sufrimiento de no entender lo que ellas decían. Paquito, en cambio, sentado junto a él, parecía seguir nuestra conversación con atención.

—Paquito —le dije—, ¿por qué no viene a tomarse el café con nosotros?

Inesperadamente, Paquito aceptó mi invitación y vino a sentarse a nuestra mesa.

—Usted tiene razón, Barbara —dijo de pronto.

—¿Pero usted entiende inglés, Paquito?

—El suficiente para captar[33] lo que usted quería decir —contestó él—. Ese donjuanismo[34] que practicamos algunos españoles es estúpido. Lo hacemos casi por obligación; tenemos que demostrar a cada momento nuestra masculinidad diciéndole cuatro sandeces[35] a cualquier mujer que pasa. Y suponemos que la obligación de la mujer es soportar[36] callada todas las estupideces que le decimos.

Cathy miró a Paquito con escepticismo.

---

[27] *hacemos...* pay attention
[28] *acaban...* they end up
[29] *me...* bothers me
[30] pinch
[31] *me...* it angers me

[32] anywhere
[33] to grasp
[34] Don Juan-like behavior
[35] foolish remarks
[36] to put up with

—¿Entonces, usted nunca piropear[37] a las muchachas?

—No, no siento ninguna necesidad de hacerlo. Hubo un escritor español (1) que dijo una cosa muy cierta: los españoles tuvimos que inventar el mito de don Juan precisamente porque los don juanes de carne y hueso nunca tuvieron mucho éxito en España. La mujer española siempre fue muy difícil de conquistar, y el hombre español necesitó imaginar la existencia de un ser formidable, don Juan, que siempre tenía éxito con las mujeres. Necesitábamos ese mito precisamente porque las oportunidades de seducir mujeres eran muy escasas[38] en una sociedad tan conservadora y estricta como la nuestra. Como en España era imposible ser un don Juan en la vida real, tuvimos que crear uno en la literatura. El problema es que, con el tiempo, hemos llegado a creer en la realidad de ese mito.

—Pero en estos días —le respondió Cathy— el sociedad de España ya no es muy estricto.

—En comparación con otros países, todavía lo es. Pero, mire, el autor que creó el don Juan original hizo a su personaje más creíble pues su don Juan casi siempre hacía sus conquistas amorosas en el extranjero; se suponía que las mujeres extranjeras eran más fáciles de conquistar. ¿Comprenden ahora por qué ese pobre hombre de sesenta años las siguió hoy hasta el hostal?

Cathy y Barbara asintieron[39], visiblemente impresionadas por el discurso de Paquito. Rositina y yo nos miramos, preguntándonos qué había ocurrido con la timidez del hijo de don Paco.

Al día siguiente, a la hora de la cena, Paquito no vino al comedor. Y cuando le preguntamos por él a don Paco, éste nos dijo:

—Creo que tiene una cita[40] con una de las dos chicas americanas.

—¿Con Cathy?

—No, con la otra, con la que casi no habla.

---

[37] to make a flirtatious remark
[38] scarce
[39] agreed
[40] date

✢ *Nota*

1. Paquito se refiere aquí a Ramiro de Maeztu, un distinguido ensayista y periodista español, contemporáneo de Unamuno y miembro, como éste, de la "generación de 1898" que revisó con ojo crítico la vida española de su tiempo. *Don Quijote, don Juan y la Celestina* (1926) es uno de sus libros de ensayos más conocidos y contiene una visión crítica de don Juan.

✢ *EJERCICIOS*

I | Preguntas

1. ¿Por qué cree don Paco que los chicos norteamericanos son muy pobres?
2. Para un español, ¿qué quiere decir "hablar cristiano"? ¿Qué sugiere este término?
3. ¿Quién es Paquito? ¿Por qué dice el profesor que es un estudiante profesional?
4. ¿Quiénes son Cathy y Barbara? ¿Por qué es Andalucía especialmente interesante para ellas?
5. ¿Qué piensa usted del español de Cathy? ¿Puede usted hacer las necesarias correcciones en las palabras que ella dice?
6. ¿Qué diferencias hay entre el carácter de Cathy y el de Barbara?
7. Según Cathy, ¿qué actitud muestran los hombres españoles con las mujeres extranjeras?
8. ¿Le gusta a Barbara que le digan piropos? ¿Por qué sí o por qué no?
9. ¿Qué opinión tiene Paquito del donjuanismo español?
10. Según Paquito, ¿por qué tuvieron que inventar los españoles el mito de don Juan?
11. ¿Cree usted que Paquito era completamente sincero en su condenación del donjuanismo? ¿Y Barbara?

II | Vocabulario

A. *Sinónimos*
Sustituya las palabras en itálicas por verbos sinónimos de la lista, dando una construcción apropiada.

1. Yo no *entendía* el significado de sus palabras.
2. Ese hombre *le dijo varias palabras admirativas* a esa muchacha.
3. Y ella *se molestó*.
4. Él *no gastará* todo su dinero.
5. Un hombre *fue tras ella* hasta su casa.
6. *No me gusta* que traten de esa manera a una mujer.

ahorrar
piropear
seguir(i)
captar
subsistir
indignarse
desahogarse
soportar
seducir
alquilar

B. *Definiciones*
Escoja en la lista las palabras que corresponden a estas definiciones:

1. Otro nombre que damos a nuestro país.
2. Otra manera de decir pantalones.
3. Un símbolo de nuestro país.
4. Cantidad de dinero que recibe una persona regularmente.
5. Cosas estúpidas que dice una persona.
6. Una perforación que existe en una cosa.

entrada
trasero
patria
sandeces
agujero
artículos
calzones
bandera
abuelo

Encuentre en la lista las características que definen correctamente a estas personas o cosas.

1. Un hombre que no sonríe con frecuencia.
2. Unos niños que no hablan mucho.
3. Una muchacha con mucho sentido común.

frívolo
perplejo
serio
estricto
retraído

4. Una persona paralizada por una   sensato
   sorpresa.   callado
5. Un joven tímido y poco comuni-   escaso
   cativo.   irresponsable
6. Una cosa que no es abundante.

Ahora, dé usted sus propias definiciones de estos términos:

1. un piropo
2. un estudiante profesional
3. donjuanismo
4. un mito
5. intrahistoria
6. un seminario universitario

III | Ideas y creencias

1. ¿Cree usted que cuando los jóvenes norteamericanos visitan España deben vestirse como se visten en los Estados
   Unidos? ¿Deben, más bien, seguir la máxima "A donde
   fueres haz lo que vieres" (*"When in Rome do as the Ro-
   mans do"*)? Comente.
2. ¿En qué aspectos es diferente la vida de Paquito a la vida
   de un joven o una joven de los Estados Unidos, como
   usted?
3. Los estudiantes profesionales como Paquito no son muy
   comunes en los Estados Unidos. ¿Por qué?
4. En su opinión, ¿debemos aceptar el donjuanismo como una
   parte integral de la cultura hispana que debe ser respetada,
   o debemos rechazarlo como una expresión del "machismo"
   que debe desaparecer? Comente.
5. El español de Cathy no es perfecto, pero ella lo usa sin
   inhibiciones. ¿Es ésta una actitud común entre los jóvenes
   norteamericanos? ¿Es usted como Cathy en este sentido?
   Explique.

IV | Discusión de clase

Es obvio que los papeles tradicionales del hombre y de la
mujer están cambiando rápidamente en nuestra sociedad.

Pero, ¿hasta qué punto han cambiado hasta ahora? Por ejemplo, ¿qué reacciones o comentarios provocan las siguientes proposiciones entre los alumnos de la clase?:
Hay ciertos oficios y profesiones que deben estar reservados para los hombres.
La mayoría de las mujeres encuentran atractivo al hombre "macho" que muestra una actitud agresiva.
Una mujer debe sentirse halagada (*flattered*) si un hombre le dice un piropo.
Está bien que una mujer le diga un piropo a un hombre.
El hombre todavía siente fuertes presiones para mostrar una actitud agresiva hacia la mujer y demostrar así su masculinidad.
Está bien que una mujer llame a un hombre por teléfono y le pida que tenga una cita con ella.
Si un hombre y una mujer están en un restaurante, es embarazoso que la mujer saque dinero delante del camarero para pagar su parte de la cuenta.

En general, ¿qué actitudes predominan entre los alumnos de la clase en relación con el papel tradicional del hombre y de la mujer? ¿Hay apreciables diferencias entre las reacciones de los alumnos y las de las alumnas?

V | Ejercicio escrito

Escoja tres de las proposiciones del Ejercicio IV y discútalas por escrito para ilustrar su opinión sobre el tema: "¿Hasta qué punto existen todavía diferencias en nuestra sociedad entre el papel del hombre y el de la mujer?

✤ XIV

Por la ruta de Washington Irving

En la primavera de 1829 un escritor y diplomático norteamericano, Washington Irving, viajó de Sevilla a Granada con
la intención de visitar brevemente esta ciudad. El viaje le
tomó varios días y tuvo que hacerlo a caballo[1], marchando por
los estrechos caminos que daban acceso a la ciudad a través
de las montañas. Le acompañaba un guía armado[2], pues la
región se hallaba infestada de bandoleros[3] y contrabandistas[4].
Cuando se detenía en algún pequeño pueblo de las montañas,
las autoridades locales miraban con asombro[5] su pasaporte,
escrito en inglés: era la primera vez que veían a un ciudadano
norteamericano.

---

[1] *a...* on horseback
[2] *guía...* an armed guide
[3] highwaymen

[4] smugglers
[5] astonishment

Una vez en Granada, la corta visita planeada por Irving se convirtió en una estancia[6] de varios meses. La ciudad lo dejó fascinado instantáneamente, en particular la fortaleza[7] y palacios árabes de la Alhambra, situada sobre una colina[8] que domina la ciudad. Al cabo[9], consiguió permiso para residir dentro de los muros mismos[10] de la Alhambra; ésta se hallaba en esa época en estado de relativo abandono, con sólo una familia local encargada de[11] cuidar sus jardines y mostrarle el lugar a sus ocasionales visitantes. Así, durante meses, Irving pudo pasearse por las solitarias salas, patios y jardines de la Alhambra como si se hallara en su casa particular[12]:

"When I rise in the morning, Pepe, the stuttering lad, from the gardens, brings me a tribute of fresh culled flowers, which are afterwards arranged in vases by the skillful hand of Dolores, who takes no small pride in the decorations of my chamber. My meals are made wherever caprice dictates, sometimes in one of the Moorish halls, sometimes under the arcades of the Court of Lions, surrounded by flowers and fountains..."

Como escritor romántico que era, Irving se sintió atraído por los aspectos exóticos de la cultura hispano-árabe, por los cuentos y leyendas que la gente de la región le fue contando sobre la Alhambra y la dominación árabe. De esta experiencia surgió su *Tales of the Alhambra,* un libro muy popular en su tiempo y que dio al público de habla inglesa una visión romántica de España que en muchos sentidos persiste todavía.

Granada es hoy una ciudad de más de 200.000 habitantes y éstos, ciertamente, ya no se asombran al ver un pasaporte norteamericano o de cualquier otro país. Aun en invierno, Rositina y yo tuvimos dificultad en encontrar una habitación de hotel en la ciudad. Por fin, tuvimos que alojarnos en un hotel situado en el mismo centro de Granada y que es exactamente el tipo de alojamiento que siempre tratamos de evitar: caro y lleno de turistas que eran miembros de *tours* organi-

---

[6] stay
[7] fortress
[8] hill
[9] *Al...* Finally

[10] *los...* the walls themselves
[11] *encargada...* in charge of
[12] *casa...* private house

zadas por agencias de viajes. Apenas nos inscribimos, el empleado de la carpeta[13] trató de vendernos un libro carísimo, lleno de fotografías a todo color y con el obligatorio título de *Romantic Granada*. Cuando vio que no ibamos a comprarle el libro, trató de vendernos una de las excursiones locales que organiza el hotel. Para colmo[14], no nos quiso alquilar la habitación a menos que tomáramos "media pensión", es decir, el desayuno y una comida en el restaurante del hotel. Hasta cierto punto, es bueno experimentar ocasionalmente este tipo de desnudo comercialismo que no es la regla sino la excepción en España, por lo menos en el ambiente en que Rositina y yo nos movemos: el mundo mucho más espontáneo y desinteresado[15] de los don Pacos y las doña Asunciones.

A la mañana siguiente, al ir a desayunar, nos encontramos el restaurante del hotel lleno de excursionistas que pertenecían a dos *tours* diferentes, una de alemanes y otra de ingleses. Varios de los turistas alemanes tenían unas guías[16] turísticas descomunales[17] que debían pesar cinco libras cada una, y las estudiaban concienzudamente mientras desayunaban. Es difícil imaginar una *tour* de España que no incluya a Sevilla, Córdoba y Granada, estas tres ciudades andaluzas que han capturado, incluso, la imaginación de los fabricantes[18] de automóviles de Detroit. Sin embargo, no sé hasta qué punto se pueda decir que estas ciudades andaluzas son "typically Spanish". Córdoba, el principal centro de la cultura musulmana en España, evoca el nombre de los grandes califas (1) árabes quienes hasta el siglo XI gobernaron el Gran Califato de Occidente, que incluía a casi toda España. Granada, en cambio, evoca la refinada decadencia que vino después, cuando el Califato se fraccionó en un gran número de pequeños reinos musulmanes. Los reyezuelos[19] de estos pequeños estados árabes no fueron ya los fieros[20] conquistadores del pasado; mientras los ejércitos cristianos avanzaban inexorablemente sobre Andalucía, estos últimos líderes musulmanes preferían desentenderse de[21] la realidad y se aislaban[22]

---

[13] (hotel) desk
[14] *Para...* To top it all
[15] altruistic
[16] guidebooks
[17] enormous

[18] manufacturers
[19] kinglets
[20] fierce
[21] *desentenderse...* to ignore
[22] *se...* isolated themselves

en sus magníficos palacios, en una atmósfera de lujo decadente, rodeados de mujeres, de músicos, de poetas que les
cantaban a los placeres, al vino, a jardines ideales: "Ráfagas[23]
de perfumes atraviesan el jardin cubierto de rocío[24]... El río
es dulce, como es dulce la saliva aromática de los labios del
amante[25]..."

Por fin, en 1492, los ejércitos cristianos de Isabel y Fernando conquistaron Granada, el último de esos pequeños reinos árabes que logró sobrevivir. Granada tiene, así, el encanto
de haber sido el "canto de cisne"[26] de la civilización árabe en
España y el lugar donde ésta alcanzó su más sensual refinamiento. Hoy día, la arquitectura europea predomina en el centro de Granada, pero los mayores atractivos están en las
afueras[27] de la ciudad, donde el pasado árabe ha sobrevivido
en piedra, en mosaico, en arabesco.

La primera mañana de nuestra visita, tomamos un ómnibus
local que, tras ascender con dificultad por una de las colinas
que rodean la ciudad, nos dejó en una esquina del barrio del
Albaicín, el antiguo barrio árabe de Granada. Casi inmediatamente, un español joven que estaba allí empezó a sacarnos
conversación[28], de una manera natural y amable. En seguida
reconocimos en él a un tipo de individuo muy común en
Andalucía: el guía turístico semiprofesional que al ver a una
persona con cara de turista, le ofrece mostrarle el lugar en
cuestión. Normalmente, estos individuos no exigen el pago
de ninguna cantidad de dinero específica; a menudo, su dignidad española no les permite admitir que esperan recibir
compensación económica por sus servicios. Al final de la *tour*,
uno puede usar su discreción, y aun esto requiere una pequeña ceremonia: en vez de "pagarle", es mejor ponerle un
billete en el bolsillo de la chaqueta[29] y usar una fórmula como:

—Fúmese usted unos cigarrillos en nuestro nombre.

Casi invariablemente, las giras[30] que ofrecen estos guías
incluyen una visita a un taller de artesanía[31]; si compramos

---

[23] Gusts of wind
[24] dew
[25] lover
[26] *canto...* swan song
[27] the outskirts

[28] *sacarnos...* strike up a
conversation
[29] jacket
[30] tours
[31] *taller...* arts and crafts workshop

algo allí, el dueño del taller le pagará una pequeña comisión al improvisado guía.

Rositina y yo casi siempre rechazamos[32] este tipo de asistencia, pero este joven era tan diestro[33] en su semiprofesión que, casi sin darnos cuenta, nos encontramos caminando en su compañía por las callejuelas medievales del Albaicín: fachadas enjalbegadas[34], techos de tejas[35], puertas enrejadas[36] que permiten ver el interior de los patios de las casas. Estos patios interiores—heredados de la arquitectura romana y adoptados por los árabes—son como el pulmón[37] de las tradicionales casas andaluzas: el espacio verde por el que respiran.

Nuestro guía no era exactamente un erudito en la historia o la arquitectura del Albaicín, pero tenía algo importante que ofrecernos: el orgullo un poco ingenuo[38], pero conmovedor[39], con que nos mostró éste, su barrio nativo, que era para él el centro del universo. Al doblar una esquina[40], señaló hacia una colina que se veía a lo lejos[41].

—Aquel es el Sacromonte, donde están las cuevas de los gitanos[42].

Y nos dijo varias cosas negativas sobre los gitanos. Claramente, quería que supiéramos que éste, su Albaicín, no es barrio de gitanos. Después de un rato, nos detuvimos delante de una casa.

—¿Quieren ver el interior de una típica casa del Albaicín?

Entramos y, como esperábamos, la casa era en realidad un taller de artesanía. Por cortesía, compramos un par de objetos baratos. Pero no nos arrepentimos[43] de haber entrado allí. La casa era una pequeña joya[44] de arquitectura árabe. Para nuestra sorpresa, vimos que una de las paredes del patio estaba decorada con una estrella de David, como símbolo de una época en que árabes y judíos convivían[45] amigablemente.

Nuestra gira terminó en una pequeña explanada desde la cual, por primera vez, obtuvimos una vista panorámica de la

[32] reject
[33] skillful
[34] *fachadas...* whitewashed façades
[35] *techos...* tile roofs
[36] protected by gratings
[37] lung
[38] naïve
[39] moving
[40] *Al...* Upon turning a corner
[41] *a...* in the distance
[42] *cuevas...* caves of the gypsies
[43] *no...* we did not regret
[44] jewel
[45] lived together

Alhambra. Allí nos despedimos del[46] joven y le agradecimos que no insistiera en acompañarnos hasta la Alhambra: ésta era una experiencia que Rositina y yo deseábamos tener a solas[47].

La Alhambra sigue siendo el principal centro de atracción de Granada, pero los Washington Irvings de hoy tienen que compartir sus encantos con los innumerables grupos de turistas que llenan el lugar a todas horas del día. Aun así, la Alhambra es todavía la Alhambra: en el exterior, una vasta fortaleza militar de imponentes[48] torres y murallas[49] rojizas (2); en el interior, un mundo íntimo y delicado. Al caminar por las calzadas[50] cubiertas de árboles que ascienden hasta ella, comprendimos que estábamos entrando en la versión árabe del Paraíso Terrenal[51]. Aquellos hijos de la sed y el calor del desierto construyeron aquí un mundo ideal donde los árboles dan sombra[52] a todas horas, donde se oye por todas partes el rumor constante del agua que corre por innumerables estanques[53], fuentes y canales diminutos[54]. Mientras en el resto de la Europa medieval se construían, en piedra, edificios monumentales de estilo gótico, los musulmanes utilizaban aquí una arquitectura funcional y frágil, con el ladrillo[55], la madera y el yeso[56] como principales materiales de construcción.

Los dos palacios árabes que hay dentro de la Alhambra consisten en una sucesión de salas, patios y jardines que se comunican con un maravilloso sentido de continuidad. Aquí el visitante no está exactamente "dentro" ni "fuera", pues los espacios interiores y los exteriores se penetran unos a otros para formar un todo armónico[57]. Y esta impresión es reforzada por el estilo de la ornamentación: en las paredes, mosaicos multicolores que alternan con complicados arabescos en yeso y en madera labrada[58]; en los portales[59] que se abren a los patios, delgadas columnas que dan a los arcos[60] un aspecto de gracia y ligereza[61].

---

[46] *nos...* said goodbye
[47] *a...* alone
[48] imposing
[49] thick walls
[50] wide cobblestone streets
[51] *Paraíso...* Earthly Paradise
[52] shade
[53] pools
[54] small
[55] brick
[56] plaster
[57] *un...* a harmonic whole
[58] carved
[59] arcades
[60] arches
[61] lightness

Un poeta granadino[62] imaginó la tragedia de un pobre mendigo ciego[63] que tuviera que pedir limosna[64] en medio de este mundo maravilloso de luz, agua y color:

> Dale limosna, mujer,
> que no hay en la vida nada
> como la pena de ser
> ciego en Granada.

❧ Notas

1. *Califa* (*Caliph*) es la versión española de *Jalifa*, palabra árabe que significa *sucesor del Profeta*, es decir, de Mahoma, el fundador de la religión musulmana. Los árabes de España fueron al principio súbditos (*subjects*) del Califa de Damasco, el jefe supremo del Islam, que residía en la actual capital de Siria, pero pronto, en el siglo VIII, se declararon independientes y fundaron, en Córdoba, el Califato de Occidente; desde entonces, los jefes árabes de España gobernaron con el título de Califa. El más importante de ellos fue Abderrahmán III, que gobernó en el siglo X. Bajo Abderrahmán, el imperio musulmán en España alcanzó su máximo esplendor. Córdoba, su capital, era en esa época una gran ciudad de quizás un millón de habitantes con una biblioteca de medio millón de volúmenes y docenas de instituciones de enseñanza. Estudiantes y eruditos (*scholars*) del resto de Europa venían a Córdoba para ponerse en contacto con el conocimiento científico de los árabes y con la filosofía griega que los eruditos musulmanes habían preservado. De las seiscientas mezquitas (*mosques*), o iglesias árabes, de Córdoba, la principal, la Gran Mezquita, se ha conservado y es todavía hoy la estructura más formidable de la ciudad.
2. "Alhambra" quiere decir *palacio rojo*.

---

[62] from Granada
[63] *mendigo...* blind beggar
[64] *pedir...* to beg for alms

❧ EJERCICIOS

I | ¿Cierto o falso?

Si es falso, explique por qué.
1. Washington Irving es un famoso escritor norteamericano del siglo XX.
2. Durante su estancia en Granada, Irving residió en una casa particular.
3. Muchos españoles del siglo XIX nunca habían visto a un ciudadano norteamericano.
4. El empleado de la carpeta del hotel era un hombre desinteresado.
5. El turista de hoy puede pasearse a su gusto por las solitarias salas de la Alhambra.
6. Córdoba fue el centro principal de la cultura árabe en España.
7. Isabel y Fernando capturaron el reino de Granada en 1492.
8. La Alhambra es un maravilloso ejemplo de la arquitectura gótica.
9. El Albaicín es el barrio donde están las cuevas de los gitanos.
10. Los guías turísticos casi siempre llevan a los turistas a visitar un taller de artesanía.

II | Vocabulario

A. *Relaciones*
¿A cuáles de las cuatro categorías pertenecen estas palabras? 1. Materiales de construcción. 2. Partes de un edificio. 3. Turismo. 4. Lugares por donde se puede caminar.

muros	techo	yeso	excursionistas
piedra	ladrillo	arco	callejuela
gira	madera	torre	fachada
mosaico	guía	muralla	explanada
sala	portal	colina	calzada

B. *Explicaciones*

Explique en sus propias palabras el significado de las siguientes oraciones:

1. El reino de Granada fue el canto de cisne de la civilización árabe en España.
2. Para los árabes, la Alhambra era una versión del Paraíso Terrenal.
3. Las afueras de Granada son más atractivas que el centro de la ciudad.
4. La casa estaba decorada con una estrella de David.

III | Ideas y creencias

A. *Comentarios*

1. En la misma época en que Washington Irving visitaba España, otros norteamericanos estaban abriendo una nueva frontera en los Estados Unidos: los "pioneros" (*pioneers*) del Oeste norteamericano. ¿Puede usted describir las características de los viajes de esos "pioneros" del Oeste?
2. Trate de describir qué imágenes exóticas o misteriosas evocan en su mente los nombres de estos lugares: Tahití, Egipto, el Tibet, Transilvania, Casablanca.
3. Al estereotipo del turista norteamericano, hoy tenemos que agregar los estereotipos del turista japonés y del turista de los países árabes. ¿Puede usted describirlos?
4. En los países islámicos y en los países comunistas a menudo se presenta a las naciones occidentales, y en particular a los Estados Unidos, como culturas decadentes, preocupadas sólo por la búsqueda de placeres. ¿Hasta qué punto cree usted que esto es cierto?

B. *Puntos de vista*

Cada persona tiene su propia versión del Paraíso Terrenal. Trate de describir las versiones que darían las siguientes personas:

Un esquimal que vive en el Círculo Polar Ártico.

Una empleada que trabaja en una pequeña oficina en el centro de Manhattan.
Un viejo marino jubilado (*retired sailor*).
Un hombre en prisión.
Una estrella de cine muy popular.
Un estudiante en época de exámenes.

IV | Discusión de clase

La arquitectura funcional de la Alhambra es un buen ejemplo de cómo los árabes de España supieron adaptar su vida diaria a las necesidades del ambiente en que vivían. Los alumnos de la clase discutirán hasta qué punto nosotros hacemos lo mismo en los Estados Unidos. Por ejemplo:
Cuál ha sido tradicionalmente la "casa ideal" en los Estados Unidos (e.g., tamaño, número de habitaciones, materiales de construcción, situación, comodidades modernas).
Si esa "casa ideal" es compatible con las necesidades actuales del ambiente y con la situación económica de los Estados Unidos.
Si los edificios de vivienda y de negocios en las ciudades son funcionales y prácticos, y por qué.
Qué efectos psicológicos es posible que tenga esa arquitectura urbana sobre las personas que viven en las ciudades.

V | Ejercicio escrito

Describa usted su propia versión personal del Paraíso. Por ejemplo:
Si es un lugar rural o urbano. Descríbalo.
Si es un lugar primitivo o con comodidades modernas.
Qué cosas abundan en ese paraíso y qué cosas no hay en él.
Cuáles son las cosas agradables que es posible hacer allí.
Qué cosas *no* hay que hacer allí.

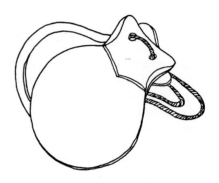

✥ XV

Los gitanos de Granada

Una noche nos decidimos a ir a ver a los *gypsys* gitanos. Sabíamos que íbamos a caer en una trampa[1] para turistas, pero es que irse de Granada sin hacerle una visita a los gitanos es como irse de Holanda sin comer queso o de Roma sin echar una moneda[2] en la fuente de Trevi.

Estrictamente hablando, claro, nadie se va de Granada sin haber visto a los gitanos, pues su presencia es bien visible por todas partes de la ciudad. Pero esa noche fuimos a las cuevas donde viven muchos de ellos, en una de las colinas de Granada, el Sacromonte. Son cuevas auténticas, excavadas en las laderas[3] de la colina, pero muy bien arregladas[4] y decoradas,

---

[1] trap
[2] *sin...* without throwing a coin
[3] hillsides
[4] fixed up

con electricidad y, algunas, hasta con televisión. Todas las noches los hoteles de Granada organizan grupos de turistas y los llevan allí. Los gitanos bailan y cantan flamenco para ellos y les sirven vasos de vino barato, incluido en el precio de la excursión.

A las nueve de la noche, dos taxis recogieron[5] a nuestro grupo en la puerta del hotel y poco después nos depositaron frente a una de las famosas cuevas. Nos acompañaba un empleado del hotel, quien se quedó "de guardia" a la entrada de la cueva, al parecer con la misión de "protegernos", pues se supone que los gitanos sean gente peligrosa. Dentro, la cueva estaba toda pintada de blanco; el techo y las paredes se hallaban decorados con ollas de cobre[6], cuya manufactura es uno de los oficios[7] tradicionales de los gitanos.

El espectáculo que presenciamos[8] allí fue bastante triste. De estas cuevas han salido artistas gitanos que han ganado fama internacional, como Antonio, el gran bailarín[9] de flamenco. Pero no todos los días aparece un Antonio, y la mayoría de los gitanos y gitanas que entretienen a los turistas se distinguen más por su deseo de agradar[10] que por su talento: mujeres ya entradas en años[11] que tratan de moverse, sin éxito, con la gracia de una muchacha joven; muchachas adolescentes, todavía en proceso de aprender su arte; niños de tres o cuatro años que bailan con movimientos de adultos. Al final, extienden la mano pidiendo una moneda o tratan de vender sus castañuelas[12] a precios exorbitantes.

Detrás de esos bailes y esas risas, pensamos, se esconde[13] la tragedia de una raza. Parece que los gitanos vinieron originalmente de la India y aparecieron en Europa hacia el siglo XV. Los europeos de esa época creían que habían venido de Egipto y de ahí el nombre que les dieron: *Egyptian → Gipsyan → Gypsy*, en inglés; *egipciano → gitano*, en español. Pronto adquirieron una reputación muy negativa y surgieron numerosas leyendas sobre ellos; según una de ellas, los gitanos eran los descendientes del Caín de la Biblia; otra le-

---

[5] picked up
[6] *ollas...* copper pots
[7] crafts
[8] witnessed
[9] dancer
[10] to please
[11] *entradas...* old
[12] castanets
[13] *se...* hides

yenda afirmaba que se habían negado a[14] darle alojamiento a la Virgen María durante el viaje de ésta por Egipto y por eso habían sido condenados a vagar[15] eternamente por el mundo. En casi todos los países adonde iban se les perseguía por su fama de practicar el robo, la magia negra y el engaño[16] en los negocios.

No es difícil comprender el origen de esa mala reputación. Los gitanos siempre fueron un pueblo nómada y pobre, de piel oscura, que hablaba una lengua extraña, el romany. Además, vestían de un modo peculiar y muchos se ganaban la vida en actividades que nuestra sociedad siempre miró con sospecha: el canto, el baile, los espectáculos de circo, la cartomancia[17]. Los que finalmente se establecían en un país, no se integraban a su sociedad sino que continuaban viviendo de acuerdo con sus propias leyes y costumbres, casándose entre sí y obedeciendo la autoridad del "rey" gitano de cada clan.

En el siglo XIX, los escritores y compositores[18] románticos idealizaron esas características "misteriosas" de los gitanos y los convirtieron en héroes y heroínas de muchas de sus obras. Pero a pesar de esa imagen romántica, las persecuciones contra ellos han continuado hasta el siglo XX. En la Alemania de Hítler fueron sometidos, como los judíos, a "experimentos biológicos" y 400.000 de ellos fueron exterminados. En los países comunistas los han obligado a abandonar su vida nómada y a integrarse al resto de la población. Hoy día, la población mundial de gitanos se calcula en unos cinco o seis millones, esparcidos[19] por todo el mundo. Ya no se les persigue en la mayoría de los países, pero se les sigue mirando con prejuicio y desdén.

El caso de los gitanos españoles es interesante y único en varios aspectos. En primer lugar, son la única minoría étnica que existe en España. Ya vivían en la Península en el siglo XV, en tiempos de los Reyes Católicos, quienes ordenaron su expulsión a menos que abandonaran su vida nómada y entraran al servicio de un señor[20]. Pero si Isabel y Fernando y

---

[14] *se...* had refused
[15] to wander
[16] deceit
[17] fortune telling with cards

[18] composers
[19] scattered
[20] lord

sus sucesores consiguieron deshacerse de[21] las otras minorías —musulmanes y judíos—, fallaron[22], en cambio, en el caso de los gitanos. Felipe II, sin saber qué hacer con ellos, los confinó a vivir en ciertos lugares reservados, como el Sacromonte de Granada. Se les prohibía hablar su lengua, usar sus vestidos tradicionales, dedicarse al comercio.

Los gitanos, sin embargo, se las arreglaron[23] para mantener su identidad cultural. En el siglo XVIII se inició por fin una política[24] más humana hacia ellos: disminuyeron[25] las persecuciones y se empezó a considerarlos ciudadanos españoles, aunque todavía se discriminaba contra su lengua, su traje[26] y sus costumbres. Desde entonces, comenzó un proceso gradual de integración de los gitanos a la cultura del país. Y el resultado es que los gitanos españoles han adquirido características culturales propias que no se encuentran entre los de otras naciones. La mayoría de ellos vive en Andalucía, en forma sedentaria; hablan un dialecto local, el caló, basado en la lengua gitana pero con muchas influencias del español, y han adoptado la religión católica. La industria turística les ha proporcionado a muchos de ellos un nuevo mercado[27] para sus talentos musicales y comerciales. En Granada, la nueva generación de gitanos vive a menudo, no en las cuevas del Sacromonte, sino en modernos apartamentos de la ciudad; algunos están educándose en la universidad y no vacilan[28] en casarse con personas que no pertenecen a su raza.

Aun así, muchos gitanos españoles viven todavía al margen de[29] la sociedad, pobres y desdeñados[30], y no se sienten miembros de la nación. A veces, cuando tienen un hijo varón[31], lo bautizan[32] con un nombre femenino, como María; de este modo tratan de que sus hijos escapen del servicio militar. Modernamente, el gran poeta andaluz Federico García Lorca— fusilado[33] por partidarios[34] de Franco durante la guerra civil—

---

[21] *consiguieron...* succeeded in getting rid of
[22] they failed
[23] *se...* managed
[24] policy
[25] diminished
[26] clothing
[27] market
[28] hesitate
[29] *al...* on the fringes of
[30] disdained
[31] male
[32] baptize
[33] executed by firing squad
[34] followers

hizo a los gitanos los protagonistas de su libro de poemas más célebre, *Romancero gitano* (*Gypsy Ballads*) (1927), y atrajo atención mundial hacia ellos. En los poemas de García Lorca los gitanos son presentados como seres trágicos e inocentes, víctimas de las persecuciones de la Guardia Civil.

En estos últimos años parece que ha surgido una conciencia étnica entre los gitanos españoles que han conseguido educarse; éstos han comenzado a verse como una minoría tradicionalmente oprimida y en proceso de perder su identidad cultural. Les molesta, en particular, ver a los miembros de su raza convertidos en objeto de la curiosidad turística. Hace unos años, por ejemplo, un joven poeta gitano estaba escribiendo su tesis doctoral en la Universidad de Granada sobre el caló, con el fin de preservar esta lengua gitana para la posteridad.

Es dudoso[35] que, a la larga[36], los gitanos españoles consigan sobrevivir como pueblo aparte[37]. Y la integración de lo gitano y lo español ha producido por lo menos un logro[38] artístico único: el *cante* y el baile flamencos. El origen de esta música es tan misterioso como el de los gitanos mismos. Al parecer, a su llegada a España, el talento musical de los gitanos realizó una síntesis de su propia música con la española y la árabe que encontraron en Andalucía, y el resultado fue el flamenco. El flamenco es, en primer lugar, guitarra y palmotear[39], que proveen el ritmo de fondo[40], obsesionante. Y es también baile sensual y canto, el *cante jondo* (canto hondo[41]) que el *cantaor* o la *cantaora*[42] entonan incansablemente[43], como una queja[44] a veces alta y violenta, a veces suave, de acuerdo con su estado de ánimo[45].

Con el tiempo, el flamenco influyó en el resto de la música de Andalucía; sobre todo en el extranjero, ha llegado a ser sinónimo de la más típica música española. Pero todavía los gitanos son sus mejores intérpretes; su melodía expresa la tristeza de una raza condenada a vagar por el mundo sin encontrar la tierra prometida.

[35] doubtful
[36] *a...* in the long run
[37] separate
[38] achievement
[39] clapping
[40] *ritmo...* background rhythm
[41] deep
[42] *cantaor...cantaora* (m,f) flamenco singer
[43] tirelessly
[44] lament
[45] *estado...* mood

❧ *EJERCICIOS*

I | Preguntas

1. ¿Son muy primitivas las cuevas de los gitanos?
2. ¿Por qué dice el profesor que vio un espectáculo triste?
3. ¿Vinieron de Egipto los gitanos, originalmente?
4. ¿Qué es el romany? ¿Y el caló?
5. ¿Por qué menciona el profesor la cartomancia y los espectáculos de circo?
6. Mencione dos costumbres peculiares de los gitanos.
7. ¿Por qué compara el profesor a los gitanos con los judíos en la Alemania de Hítler?
8. Tradicionalmente, ¿trataron bien a los gitanos de España? Comente.
9. ¿Qué diferencias hay entre los gitanos españoles y los de otros países?
10. ¿Por qué asociamos al poeta Federico García Lorca con los gitanos?
11. ¿Qué actitud tienen hoy muchos gitanos educados?
12. ¿Qué es el flamenco?

II | Vocabulario

A. *Sinónimos*
Sustituya las palabras en itálicas por palabras sinónimas de la lista.

1. Él era un hombre *de bastante edad.*	fuente
	cueva
2. Él me vendió un automóvil que está en muy malas condiciones. ¡Es un *acto deshonesto*!	colina
	fusilado
	decorado
3. La música flamenca se ha *diseminado* por toda España.	desdeñado
	baile
4. Muchos grupos étnicos tienen *vestidos* típicos de su cultura.	esparcido
	cantos
5. A veces hemos *tratado mal* a las minorías de nuestro país.	engaño
	entrado en
6. Un espía ha sido *ejecutado* por sus crímenes.	años
	oficio

7. La fabricación de relojes es *una ocupación* muy común en Suiza.
8. Aquélla no es una montaña sino una *elevación pequeña*.

guardia
ladera
trajes
paredes
decepción

B. *Definiciones*
Escoja las palabras de la lista que corresponden a estas definiciones:

1. Dinero hecho de metal.
2. Nombre de un metal de color amarillo.
3. Persona del género masculino.
4. Instrumento musical de madera que se toca con las manos.
5. Arte de predecir el futuro.
6. Aparato de metal que sirve para cocinar.
7. Persona que tiene la misma ocupación que Fred Astaire.

cobre
adulto
castañuela
moneda
traje
oficio
cartomancia
olla
mercado
bailarín
varón

Ahora, dé usted sus propias definiciones de estos términos:

Un pueblo nómada
Una trampa para turistas
Caín

Un *cantaor*
La fuente de Trevi
La guitarra

III | Ideas y creencias

1. El profesor y su esposa fueron a ver a los gitanos de las cuevas, pero sin mucho entusiasmo. Si usted fuera a Granada, ¿iría también a verlos? ¿Por qué sí o por qué no?
2. Imagine que usted tiene la oportunidad de unirse a un grupo de gitanos. ¿Aprovecharía usted esa oportunidad? Justifique su respuesta.
3. En los Estados Unidos existen algunas sectas religiosas, como los Amish del Medio Oeste, que viven de acuerdo

con sus propias leyes. ¿Cree usted que esto está bien, o que deben integrarse al resto de la sociedad? Muchos de los Amish, por ejemplo, no quieren enviar a sus hijos a las escuelas públicas sino educarlos ellos mismos. En su opinión, ¿deben permitirse esto? Justifique su respuesta.

4. ¿Existen algunas semejanzas entre el estilo de vida de los camioneros (*truck drivers*) de los Estados Unidos y el de los gitanos? Explique.

5. El poeta García Lorca, autor de *Romancero gitano,* visitó los Estados Unidos en 1929 y le impresionó mucho la difícil situación en que se hallaban los negros norteamericanos. Su libro *Poeta en New York* fue escrito como resultado de esta experiencia, y uno de sus poemas más célebres es el que se titula "El rey de Harlem". En su opinión, ¿por qué era lógico que García Lorca encontrara muchos paralelos entre la situación de los negros de Harlem y la de los gitanos?

IV | Discusión de clase

El flamenco es una manera en que el pueblo gitano expresa musicalmente sus emociones, aspiraciones, problemas. Los alumnos de la clase discutirán este tema en relación con la música popular norteamericana, en sus diferentes manifestaciones y períodos. Por ejemplo: el jazz, la música de la década de 1920, la música de las grandes orquestas de los años cuarenta, los comienzos de la música *rock* en los años cincuenta, la música "comprometida" (*involved*) de los años sesenta, la música de estos últimos años.

V | Ejercicio escrito

Escoja una minoría étnica de los Estados Unidos o de otro país y trate de describirla. Por ejemplo:
De dónde vino originalmente esa minoría.
Si hay leyendas o cuentos falsos sobre ella.
Si esa minoría ha sido tradicionalmente identificada con ciertos oficios u ocupaciones, y las consecuencias de esto.
Si sus miembros han tratado de integrarse al resto de la pobla-

ción o si han preferido permanecer como grupo aparte.
Si ha habido persecuciones contra esa minoría.
Si los miembros más jóvenes de esa minoría tienen una actitud
diferente a la de la generación anterior.

¿————————————————————————— ?

❧ XVI

Pausa en Torremolinos

Durante varias semanas utilizamos Sevilla y el hostal de don Paco como "base de operaciones" para nuestros viajes por los diferentes pueblos y ciudades de Andalucía. Don Paco, siempre tan amable, nos permitía dejar en su hostal la mayor parte de nuestro equipaje y cuando regresábamos allí después de uno de esos cortos viajes, él siempre tenía una habitación lista para nosotros. De este modo, hemos podido viajar con sólo una pequeña maleta para las cosas más indispensables, que es la única manera sensata[1] de viajar.

Pero después de viajar continuamente por varios meses, viviendo siempre en hostales y comiendo diariamente en restaurantes, llegó el momento en que empezamos a añorar[2] el

---

[1] sensible   [2] to long for

ambiente, la privacidad, el espacio de un hogar. Sabíamos, sin embargo, que no nos sería fácil encontrar un apartamento amueblado[3] que pudiéramos alquilar[4] por tres o cuatro meses solamente. Después de leer por varios días los anuncios clasificados de los periódicos de Sevilla, decidimos consultarle el asunto[5] a don Paco.

—Un apartamento así —nos dijo él— sólo podrán hallarlo en la Costa del Sol.

Mas dijo esto sin entusiasmo.

—Pero la Costa del Sol —agregó— es, más que nada, para los turistas. Lo que van a encontrar allí son extranjeros y mujeres desnudas.

Don Paco, como buen español castizo[6], no acepta fácilmente los drásticos cambios que el turismo ha traído a algunas regiones de España. Pero, a pesar de sus advertencias[7], Rositina y yo decidimos probar suerte[8]. Málaga, la principal ciudad de la Costa del Sol, está a sólo cuatro horas, por tren, de Sevilla, y para allá salimos una mañana, cargados[9] de maletas y de esperanza[10].

—Ustedes verán que no les gusta aquello[11] —nos dijo don Paco al despedirnos—. En una semana estarán de vuelta[12] en Sevilla.

Pero su predicción no se cumplió[13]. A las pocas horas de llegar a Málaga, comprendimos que éste era precisamente el tipo de ambiente que estábamos buscando para recuperarnos de nuestros viajes. Para el que ha visitado Málaga, el nombre de esta ciudad evoca inmediatamente una serie de palabras e imágenes vívidas: calles soleadas, parques, pájaros, flores, brisas de mar; en su puerto, barcos listos a zarpar[14] para Génova o Marruecos[15], e innumerables autobuses en marcha hacia las playas de Torremolinos, Fuengirola, Marbella... En los extensos parques y paseos[16] que bordean su hermosa bahía[17] mediterránea, los coches de caballos pasean a los visitantes

---

[3] furnished
[4] to rent
[5] the matter
[6] pure
[7] warnings
[8] *probar...* to try (our) luck
[9] loaded
[10] hope

[11] that (place)
[12] *de...* back
[13] was not fulfilled
[14] to set sail
[15] *Génova...* Genoa or Morocco
[16] promenades
[17] bay

bajo las hileras[18] de palmas y plataneros[19] que nos recuerdan la presencia de África a unas pocas millas. Málaga, por otra parte, me parece un buen ejemplo de cómo una ciudad puede incorporarse al progreso del siglo XX sin perder su carácter. La prosperidad que se respira en ella—sus 300.000 habitantes parecen estar en la calle a todas horas—depende menos del comercio turístico de la Costa del Sol que de las importantes instalaciones industriales que se han establecido a su alrededor en tiempos recientes: altos hornos[20], fundiciones[21], fábricas de productos de todas clases, refinerías para las extensas plantaciones de caña de azúcar[22] que existen en esta área. Las industrias mayores, sin embargo, se hallan situadas fuera de la ciudad, esparcidas[23] por el campo malagueño[24], de modo que la ciudad misma, su ritmo de vida, su apariencia, ha conseguido librarse del feo paisaje de humo[25] y chimeneas, del ambiente tenso y deshumanizado que muchas veces acompañan a la industrialización. La suya es una prosperidad tranquila, compatible con su larga historia que se remonta[26] al siglo X A.C. (antes de Cristo), cuando los fenicios[27] fundaron aquí un puesto comercial al que llamaron Malaca.

A nuestra llegada, nos hospedamos en un hostal situado en el centro mismo de la ciudad, en la calle Císter, y dentro de un radio de tres manzanas[28] pudimos admirar, durante nuestra primera tarde en Málaga, su imponente catedral gótico-renacentista, las ruinas restauradas de la fortaleza[29] árabe de la Alcazaba y, junto a ésta, las ruinas parcialmente excavadas de un anfiteatro romano.

A la mañana siguiente tomamos uno de los autobuses que viajan constantemente entre Málaga y Torremolinos, a sólo catorce kilómetros de distancia, y apenas salimos de Málaga el cambio de escenario empezó a hacerse evidente. El autobús avanzaba por una amplia carretera bordeada de anuncios comerciales. A nuestra izquierda, el mar era ocultado[30] por interminables hileras de edificios de apartamentos. Pasamos el

---

[18] rows
[19] plantain trees
[20] *altos...* blast furnaces
[21] foundries
[22] *caña...* sugar cane
[23] scattered
[24] *campo...* countryside of Málaga
[25] smoke
[26] *se...* goes back
[27] Phoenicians
[28] city blocks
[29] fortress
[30] concealed

moderno aeropuerto por donde llegan las hordas de turistas europeos y norteamericanos, el anuncio familiar de un hotel Hilton... Por fin, al cabo de media hora, descendimos en la estación de autobuses de Torremolinos y nos hicimos parte del paisaje humano, multinacional, de la Costa del Sol.

Minutos después nos hallamos en la larga avenida que bordea parte de los seis kilómetros de playa de Torremolinos. Era un día fuerte, de sol y cielo azul, y yo tuve que quitarme la chaqueta[31]. Incapaces de resistir la tentación, bajamos hasta la arena de la playa con los zapatos en la mano y nos tendimos[32] en ella. Ante nosotros, el paisaje de playa y rascacielos[33] nos pareció, de pronto, una copia de Miami Beach. Al cabo de un rato, Rositina me dijo:

—¿Nos quedamos a vivir aquí en la playa, o crees que sería una buena idea buscar otro tipo de vivienda[34]?

Su tono irónico me hizo reaccionar y poco después comenzamos nuestra búsqueda[35]. La cual duró menos de quince minutos. Al tomar por una de las calles que ascienden desde la playa, vimos un cartel[36] a la entrada de un moderno y atractivo edificio: "Se alquilan apartamentos amueblados por día, por semana, por mes. Precios razonables." Entramos, y, para nuestra sorpresa, nos recibió una señora que en seguida se identificó como norteamericana, nativa de California. En español aceptable nos dijo el precio de los apartamentos y resultó ser, en verdad, tan razonable que por un momento desconfié[37] de su habilidad para manejar[38] la aritmética en castellano. Pero ella, quizás adivinando[39] nuestra sorpresa, nos aclaró:

—Estos, claro, son precios de invierno. En junio, julio y agosto tendrían que pagar exactamente el doble por el mismo apartamento.

Y el apartamento que nos mostró era, ni más ni menos, el lugar ideal que nos habíamos pintado en nuestra imaginación: amplio, ventilado, inundado de luz por todas partes. Los baños privados—comprobamos[40]—todavía existían. La espaciosa sala-

---

[31] jacket	[36] sign
[32] *nos...* lay down	[37] I distrusted
[33] skyscrapers	[38] to handle
[34] housing	[39] guessing
[35] search	[40] we verified

comedor se abría a una terraza cubierta que colgaba[41] sobre un jardín de plantas tropicales. Más allá, apenas a dos cuadras[42] de distancia, se podía ver la faja[43] azul del Mediterráneo... Sin pensarlo dos veces, le pagamos a la señora un mes de alquiler por adelantado[44].

De este modo, de pronto, Rositina y yo nos hemos convertido en parte de este mundo un poco irreal de la Costa del Sol. En uno de los apartamentos del edificio vive una señora que resulta ser la octava ex-esposa de un millonario norteamericano; en otro, un joven español que se gana la vida[45] de una manera bastante extraña: sus instrumentos de trabajo son una cámara fotográfica y un cachorro de león[46]; sus clientes son los turistas que están dispuestos a pagarle por aparecer junto al león en una fotografía.

—Al principio era un buen negocio —me dijo él un día—, pero luego el león empezó a crecer y cada día encuentro menos clientes.

El escritor James Michener, entre otros, ha descrito bien, en su libro *Iberia,* el impacto que la invasión turística ha tenido sobre la tradicional escala de valores de los españoles nativos de esta región (1). Y varios escritores españoles, como Juan Goytisolo (2), han examinado el fenómeno con ojo crítico. En un relato[47] de éste, por ejemplo, un humilde pescador[48] de la costa mediterránea tiene que alquilarle su barca a un turista extranjero cuya mujer, una atractiva sueca[49], no está interesada solamente en el arte de la pesca. Al final, la pareja desaparece sin decir adiós y podemos adivinar que este pobre pescador nunca volverá a ser el mismo hombre.

La España de la Costa del Sol es sin duda una España adulterada, pero el espectáculo que ofrece no deja de ser[50] interesante, lleno de contrastes a veces humorísticos, a veces tristes. Su catálogo humano incluye desde la exuberante muchacha sueca o alemana escasamente[51] cubierta por una *T-*

---

[41] hung	[46] *cachorro...* lion cub
[42] linear city blocks (Spanish America)	[47] story
[43] strip	[48] fisherman
[44] *por...* in advance	[49] Swedish woman
[45] *se...* earns a living	[50] *no...* still is
	[51] scantily

shirt, hasta el norteamericano jubilado[52] que ha venido a pasar sus últimos años en el clima agradable del Mediterráneo pero que suspira[53] con nostalgia cuando le hablan de los inviernos de Wisconsin; desde esas maduras mujeres españolas, vestidas de negro de pies a cabeza, cuyos ojos evitan[54] a las muchachas en bikini que pasan a su lado, hasta esos españoles jóvenes que, con sus ropas apretadas[55] y sus poses donjuanescas[56], tratan de hacer el papel del "amante latino". En "La Nogalera", el centro del distrito turístico de Torremolinos, es posible comprar una joya[57] exótica de un comerciante indio, una cimitarra[58] de un tendero[59] árabe... Los restaurantes ofrecen desde paella y sangría hasta comida escandinava, italiana o indonesia. Una noche, Rositina y yo entramos en uno de los muchos bares de "La Nogalera" que se dedican a asesinar la música flamenca veinticuatro horas al día, y, al sentarnos a una de las mesas, oímos al cantante de turno[60] adornar la letra[61] de su canción con algunas de las palabras más fuertes de la lengua castellana. El camarero que nos atendía se sonrojó[62] y nos dijo:

—Ustedes perdonen, pero es que este cantante no está acostumbrado a tener gente de habla española en el público, y ésa es su manera de desahogarse cuando está de mal humor.

Para nosotros, sin embargo, esta pausa ha sido una bendición[63]. Yo, por ejemplo, puedo dedicarme a escribir con tranquilidad, a seguir una cierta rutina de vida y de trabajo que es indispensable para cualquier labor intelectual. Todas las mañanas, en la soleada terraza del apartamento, paso cuatro o cinco horas delante de la máquina de escribir (mi pequeña máquina portátil[64] que he arrastrado[65] por toda Europa como parte de nuestro equipaje), tratando de sacar algún producto de las notas que he tomado en la Biblioteca Nacional. Para el mediodía, me siento lo suficientemente cansado como para

---

[52] retired
[53] sighs
[54] avoid
[55] tight
[56] Don Juan-like
[57] jewel
[58] scimitar (a curved Oriental sword)
[59] shopkeeper

[60] *el...* the singer who was performing
[61] the words
[62] *se...* blushed
[63] blessing
[64] portable
[65] dragged

decirme que me he ganado el derecho a una nueva incursión por ese mundo artificial pero fascinante de la Costa del Sol.

Notas

1. Torremolinos, Fuengirola, Marbella y otros pueblos de la Costa del Sol, fueron, hasta hace unos años, aldeas de pescadores (*fishing villages*) donde sus habitantes vivían una vida sencilla y modesta. Hoy son centros turísticos con tiendas y hoteles modernos, campos de golf y todas las comodidades y formas de diversión que trae el turismo. El problema es que buena parte de la población original todavía vive allí, en casas modestas rodeadas de edificios modernos y lujosos. Con el turismo, los precios han aumentado extraordinariamente y para muchas de las familias locales, no empleadas en la industria turística, la vida se ha hecho mucho más cara y difícil, física y psicológicamente.
2. Juan Goytisolo (1931–) es uno de los escritores españoles más conocidos de la actualidad. Nació en Barcelona y sus experiencias durante el período de pobreza y terror que siguió a la guerra civil le han proporcionado muchos de los temas de sus narraciones. Su primera novela, *Juegos de manos,* se publicó en España en 1954 y poco después Goytisolo tuvo que exiliarse en París debido a sus opiniones políticas. Sigue viviendo fuera de España la mayor parte del tiempo y en varias ocasiones ha enseñado literatura en universidades norteamericanas. El relato que se menciona en el texto forma parte de la coleccion *Fin de fiesta* (1962).

EJERCICIOS

I | Preguntas

1. ¿Por qué leyeron el profesor y su esposa los anuncios clasificados?
2. ¿Qué opinión tiene don Paco de la Costa del Sol?

3. ¿Es Málaga una ciudad atractiva? Mencione dos razones.
4. Málaga tiene muchas industrias pero no tiene el aspecto de una ciudad industrial. ¿Por qué?
5. ¿Cómo sabemos que Málaga es una ciudad muy antigua?
6. ¿Es fácil ir de Málaga a Torremolinos? Dé dos razones.
7. ¿Por qué compara el profesor a Torremolinos con Miami Beach?
8. El profesor y su esposa sin duda tuvieron suerte en su búsqueda de un apartamento en Torremolinos. ¿Por qué podemos decir eso?
9. El profesor habla del "variado catálogo humano" de Torremolinos. ¿Qué quiere decir eso?
10. En Torremolinos uno puede ver muchachas suecas en bikini junto a mujeres españolas vestidas de negro de pies a cabeza. ¿Qué fenómeno simboliza esto?
11. ¿A qué se dedica el profesor mientras está en Torremolinos?

II | Vocabulario

Relacione las palabras de los dos grupos en cada caso.

A. *Sinónimos*

amplio	tradicionalista
tendero	narración
relato	animal
cachorro	comerciante
castizo	retirado
jubilado	espacioso

B. *Asociaciones*

cartel	bahía
puerto	industria
arena	letras
humo	playa

pesca	canción
altos hornos	chimenea
letra	barca

C. Definiciones

pasear	concentrar la atención
tenderse	predecir el futuro
adivinar	salir un barco del puerto
crecer	evocar con nostalgia
fijarse	respirar con tristeza
zarpar	andar sin apuro, por placer
añorar	acostarse
suspirar	aumentar de tamaño

III | Ideas y creencias

A. Comentarios

1. Hemos hablado con frecuencia del problema de los estereotipos. El profesor, al hablar de Torremolinos, ha empleado varios de ellos. En particular, ¿qué le parece éste: "una exuberante muchacha sueca"? ¿Qué crítica puede usted hacer de esta manera de clasificar a la gente?

2. En los Estados Unidos muchas personas jubiladas se van a vivir a la Florida. En su imaginación, la Florida es una especie de paraíso para las personas de edad. ¿Hasta qué punto cree usted que esto es cierto? ¿Qué ventajas y qué desventajas encuentran esas personas? ¿Puede mencionar algunos problemas específicos que ellas confrontan?

3. El profesor está sentado en su terraza soleada de Torremolinos, delante de su máquina de escribir, una mañana agradable. Si le preguntamos a una persona promedio: "¿Cree usted que el profesor está trabajando muy duro?", esa persona probablemente responderá.... ¿qué? Personalmente, ¿qué piensa usted de esto?

4. Imagine que un turista español va a visitar los Estados Unidos y le consulta a usted sobre los lugares que debe visitar para familiarizarse con la cultura norteamericana. Este turista sólo tiene tiempo para visitar tres lugares. ¿Cuáles de la siguiente lista le recomienda usted? Lincoln, Nebraska; Disney World; Las Vegas; Hollywood, California; Williamsburg, Virginia; Cambridge, Massachusetts; un rancho de Texas; Pittsburgh, Pennsylvania; Cabo Cañaveral, Florida; ¿ ———————— ? Justifique su recomendación.

B. *Puntos de vista*

Imagine que es usted cada una de las personas de la siguiente lista. ¿Cómo responde usted, en cada caso, a estas dos preguntas?: "¿Le gusta a usted el ambiente de Torremolinos? ¿Por qué está usted aquí en la Costa del Sol?"

Un humilde pescador
Una turista de Estocolmo, Suecia
Un joven español de pose donjuanesca
Una española madura vestida de negro
Un turista de *blue jeans*
Un norteamericano jubilado

IV | Ocupaciones extrañas

En Torremolinos, el profesor conoció a un joven español que se gana la vida fotografiando a los turistas junto a un cachorro de león. ¿Puede usted pensar en otras ocupaciones extrañas? Primero, cada estudiante preparará una corta lista de dos o tres ocupaciones de este tipo. Por ejemplo:

—Conozco a una persona que se gana la vida paseando perros por las calles de Nueva York.
—Sé de una persona que se gana la vida vendiendo su sangre a los hospitales.

(Las personas mencionadas pueden ser personas ordinarias o famosas). Luego, en clase, los estudiantes leerán la lista de ocupaciones reales o imaginarias que hayan preparado. A continuación, toda la clase, colectivamente, tratará de seleccionar la lista de "Las diez ocupaciones más extrañas" entre las sometidas por los estudiantes.

V │ Ejercicio escrito

Siempre hay cosas que añoramos especialmente. Por ejemplo, cosas que tenemos normalmente en nuestro hogar y que nos faltan cuando estamos de viaje o residimos en otro lugar; cosas agradables de cuando éramos niños o adolescentes... En el caso de usted, ¿puede describir qué cosas, qué ambiente o actividades añora usted en este momento de manera especial?

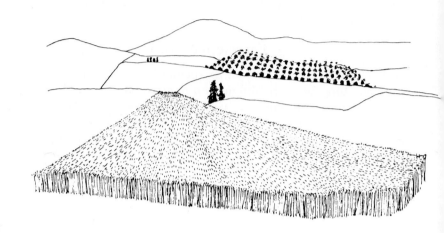

✣ XVII

Última nota

Estamos a mediados de mayo y se acerca el momento en que tendremos que decirle adiós a España. Durante nuestra última tarde en la Costa del Sol, hemos tomado el autobús a Málaga para dar un paseo de despedida[1] por ésta, nuestra ciudad favorita. Andando al azar[2], hemos vagado[3] un rato por las ruinas árabes de la Alcazaba, hemos entrado un momento en la nave silenciosa de la Catedral... Luego, hemos descendido hasta el puerto para caminar por el largo paseo de palmeras que bordea el Mediterráneo. Es una tarde típica de Málaga: cielo azulísimo, una suave brisa que llega desde el mar. Rositina, mirando uno de los barcos atracados al muelle[4], me dice:

---

[1] *paseo...* farewell stroll
[2] *al...* at random
[3] wandered

[4] *atracados...* moored alongside the dock

—Nunca fuimos a Marruecos.

—La próxima vez...

Pero me pregunto: "¿Habrá una próxima vez?" Dentro de dos semanas estaremos de vuelta en los Estados Unidos, en nuestra casa de aluminio; volveremos a conducir nuestro automóvil, nos acostumbraremos otra vez a la limpia eficiencia de los supermercados... España, Málaga, Sevilla, don Paco, pronto serán sólo un recuerdo, tal vez un poco irreal. Al anochecer[5], tomamos el autobús de regreso a Torremolinos. Y una vez más asistimos a un espectáculo que ya nos es familiar: en el último asiento del autobús, un grupo de jóvenes empieza a palmotear[6] y a cantar coplas[7] flamencas apenas el vehículo se pone en marcha[8]. No sé cuántas veces hemos hecho el viaje a Torremolinos al ritmo de esa música improvisada. Pero esta vez, en vez de alegrarnos como de costumbre, el entusiasmo musical de esos jóvenes andaluces nos llena de melancolía.

Al día siguiente hemos tomado el tren en la estación de Málaga, rumbo a Madrid. Pero como éste es nuestro último viaje largo por España, hemos decidido tomar el Talgo, ese lujoso tren del que los españoles siempre hablan con orgullo. ¡Y qué diferencia! Al entrar en el vagón, el conductor nos ha llevado hasta un par de asientos reclinables; sentimos en seguida el fresco del aire acondicionado y una suave música indirecta que llega desde el techo. Pero lo que más me impresiona es el silencio que reina en el vagón; los demás pasajeros hablan en murmullos, como si en este ambiente lujoso estuviera prohibido hablar en voz alta. Por un momento, me parece estar en Suiza más bien que en España.

—No creo que vayas a encontrar a muchos de tus turistas de *blue jeans* en este tren —me dice Rositina.

Pero en la estación de Córdoba ha subido al tren un joven que es obviamente un buen cliente del señor Levi Strauss. Ha venido a sentarse en un asiento que está frente a los nuestros y pronto el revisor se le acerca y le pide su billete. El joven empieza a registrarse los bolsillos[9] pero al parecer no puede encontrar su billete. Por fin, levanta los ojos, ruborizado[10], y admite en español:

---

[5] *Al...*   At nightfall
[6] to clap (rhythmically)
[7] popular songs

[8] *se...*   starts to move
[9] *registrarse...*   search his pockets
[10] blushing

—Parece que he perdido mi billete.

El revisor suspira y asiente.

—Está bien, está bien.

Y se va. El joven nos mira, avergonzado[11], y por un momento olvida su español.

—*Je l'ai vraiment acheté.*

—Claro, eso le pasa a cualquiera —le dice Rositina.

—¿Creen ustedes que el revisor va a pedirme que me baje del tren? —pregunta el joven, con gesto de intranquilidad.

—No lo creo —le digo—. Él comprende la situación.

Y trato de cambiar el tema para tranquilizarle.

—¿Está usted de vacaciones por aquí?

—No exactamente. Soy estudiante graduado de la Universidad de Nantes y estoy escribiendo mi tesis doctoral sobre el poeta Antonio Machado (1). He pasado algunos días en Sevilla, donde Machado nació.

—Siempre me emociona ver que un extranjero se dedique a estudiar la literatura española —le digo.

—El problema es que somos una minoría. Machado es uno de los poetas más importantes que ha producido Europa en el siglo veinte. Sin embargo, apenas se le conoce en el extranjero. Y lo mismo pasa con casi todos los grandes escritores españoles. ¿Quién conoce a Miguel de Unamuno fuera de España? Sólo unos pocos especialistas en filosofía, y aun éstos se refieren a él como "el Kierkegaard español". Igualmente lógico sería llamarle a Kierkegaard "el Unamuno danés".

—Yo tengo un amigo español que siempre me dice: "Si los españoles tuviéramos nuestra propia bomba atómica, ya vería usted como los extranjeros empezaban a interesarse por nuestra cultura."

—Así es, desgraciadamente, en el mundo de hoy.

El Talgo avanza a gran velocidad, haciendo muy pocas paradas. Casi antes de darnos cuenta, empezamos a ver por la ventanilla los campos secos y pedregosos[12] que nos indican que ya estamos en la meseta de Castilla.

—Miren ese paisaje —nos dice el joven—. Sólo quien haya leído la poesía de Machado puede apreciar realmente su belleza.

---

[11] embarrassed   [12] rocky

Saca del bolsillo un librito manoseado[13] y lee unos versos en que Machado describe la tierra castellana que rodea a la ciudad de Soria: tierra de "sierras calvas"[14] y "cerros cenicientos"[15] en la que, sin embargo, hay también una breve primavera de tiernas[16] "hierbas olorosas"[17] y "diminutas margaritas[18] blancas" (2).

Nos quedamos en silencio, pero los versos de Machado flotan en el aire. No todo en el mundo está perdido —pienso— mientras haya un estudiante de la Universidad de Nantes que venga expresamente a España para estudiar a Machado y su poesía. Y recuerdo una frase que se le atribuye al propio Machado: "Si todos somos hijos de Dios, por lo menos somos hermanos por parte de padre[19]."

Al llegar a la estación de Atocha en Madrid, he llamado al Hostal Asunción y es don Benigno el que contesta el teléfono.

—Necesitamos una habitación, don Benigno.

Pero él me dice, con tristeza, que el hostal está completamente lleno.

—Doctor —agrega—, en todo Madrid no hay una habitación vacía.

—¿Y eso por qué, don Benigno?

—¡Pero, doctor! ¿Se ha olvidado usted de que éstas son las fiestas de San Isidro?

Los españoles siempre expresan la misma sorpresa al ver que un extranjero no se halla al corriente de[20] su complicado calendario de festividades. El problema es que en España hay tantos días festivos que si uno no es español le es casi imposible llevar la cuenta[21] de ellos. Esta vez, sin embargo, nuestra ignorancia es imperdonable: las fiestas de San Isidro, a partir del[22] 15 de mayo, son quizás las más importantes para los madrileños. Éstos son, especialmente, los días en que se celebran las más importantes corridas de toros de la temporada

---

[13] well-thumbed
[14] barren
[15] *cerros...* ash-colored hills
[16] tender
[17] *hierbas...* fragrant grass

[18] *diminutas...* small daisies
[19] *por...* on (our) father's side
[20] *se...* is aware of
[21] *llevar...* to keep track
[22] *a...* from (that date)

taurina[23] de Madrid. Y al detenernos[24] en la agencia de turismo de la estación, comprobamos[25] que don Benigno tiene razón. Después de llamar por teléfono, sin éxito, a más de una docena de hoteles y hostales, la muchacha de la agencia nos dice con aire de triunfo:

—Tienen ustedes suerte. Les he encontrado una habitación en el Hotel Creso.

El precio que nos dice nos hace temblar[26], pero no tenemos ninguna alternativa. Minutos después, el taxi nos deja frente a un hotel moderno, con una fuente iluminada a la entrada y un portero[27] uniformado que nos abre la puerta ceremoniosamente. En la carpeta del hotel[28] nos atiende un empleado que, por su apariencia y manera de vestir, podría ser un ministro del gabinete[29] español. Después de inscribirnos, un botones[30] nos sube las maletas hasta nuestra habitación, que incluye una terraza privada.

—¿Desean que les sirvan mañana el desayuno en la terraza? —nos pregunta el botones.

—Sí, cómo no —le contesta Rositina antes de que yo tenga tiempo de responder.

Yo la miro con ojos de asesino y despido[31] al botones.

—¿Sabes una cosa? —me dice ella cuando nos quedamos solos—. La vida de un turista vulgar no es completamente desagradable.

Yo, como venganza[32], marco[33] en seguida el número de teléfono de doña Asunción para dejarle saber dónde estamos.

Es así que, durante varios días, nos hemos visto forzados a vivir la "dulce vida" del visitante adinerado[34]. En el elegante bar del hotel, las tapas se toman con "ginantonic" o whiski escocés mientras una muchacha toca la guitarra en un rincón[35] y canta una mezcla de canciones españolas y melodías del *Top 40* traducidas al español. El hotel está situado a poca distancia de la embajada[36] de uno de los países árabes y no

---

[23] *temporada...* bullfight season	[30] bellhop
[24] *al...* upon stopping	[31] I dismiss
[25] confirm	[32] revenge
[26] tremble	[33] I dial
[27] doorman	[34] well-to-do
[28] *carpeta...* hotel desk	[35] corner
[29] cabinet (of government)	[36] embassy

pocos de los huéspedes van vestidos de túnica blanca. A veces, el vestíbulo del hotel parece una miniconvención de la OPEP (*OPEC*). Cuando en 1502 los Reyes Católicos expulsaron a los musulmanes de España, no pudieron imaginar que, siglos después, en el nuevo mundo que Colón acababa de descubrir, nacería un hombre destinado a deshacer[37] su obra: Henry Ford.

A los cuatro días de estar allí, la llamada que hemos estado esperando llega por fin:

—Doctor —me dice don Benigno en el teléfono—, aquí les tenemos la mejor habitación del hostal.

Ese mismo día nos mudamos para el Hostal Asunción y tenemos así la suerte de pasar nuestros últimos días en Madrid en el calor físico y humano de la calle San Bartolomé. Las caras de los huéspedes ya no son las mismas, pero todavía hay entre ellos jóvenes extranjeros que necesitan a doña Asunción como intérprete, y que pueden comprar botas de vino[38] o manteles de encaje[39] con un cincuenta por ciento de descuento gracias a las maravillosas tarjetas[40] que don Benigno les pone en la mano con aire de misterio.

❧ *Notas*

1. Antonio Machado (1875–1939) nació en Sevilla pero se identificó sobre todo con la gente y el paisaje de Castilla. Fue—con Unamuno, Ramiro de Maeztu, Azorín, el novelista Pío Baroja—miembro importante de la llamada "Generación del 98", el grupo de escritores jóvenes que en 1898—año de la derrota de España a manos de los Estados Unidos—se sintieron frustrados y conmovidos (*moved*) ante la decadencia y la pobreza física y espiritual en que había caído su país.

2. En Machado, como en otros escritores de la "Generación del 98", el paisaje seco y árido de Castilla simboliza, al

---

[37] to undo
[38] *botas...* leather wine bags
[39] *manteles...* lace tablecloths
[40] cards

mismo tiempo, la pobreza de la vida española y el austero
espíritu castellano que podía ser regenerado, despertado
(*awakened*) otra vez a los ideales del Cid y de don Quijote.
Soria es la ciudad de Castilla donde Machado pasó los mejores años de su juventud y donde murió su joven esposa.
En estos versos Machado describe realísticamente los aspectos menos atractivos del paisaje castellano: una tierra
"árida y fría" con sierras sin vegetación y cerros grises;
pero, por otra parte, el ojo amoroso (*loving*) del poeta re-
gistra los pequeños, encantadores signos de vida y belleza
que la primavera trae a ese paisaje.

❧ EJERCICIOS

I │ Preguntas

1. El profesor y su esposa dan un paseo de despedida por
   Málaga. ¿Por qué?
2. ¿Por qué es diferente el viaje en tren que hacen esta vez?
3. El profesor dice que el joven que ha subido al tren es un
   buen cliente del señor Levi Strauss. Explique qué quiere
   decir esto.
4. ¿Qué problema tiene el joven cuando viene el revisor del
   tren?
5. Este estudiante tenía una razón especial para visitar Sevilla. ¿Cuál?
6. ¿Por qué dice él que es miembro de una minoría?
7. ¿Cuál es el tema de los versos de Machado que él lee?
8. ¿Por qué está lleno el Hostal Asunción?
9. ¿A qué tipo de hotel tuvieron que ir el profesor y su esposa?
10. ¿Es típicamente español el ambiente de ese hotel? Dé un
    ejemplo.
11. El profesor dice que en el Hostal Asunción hay "calor
    físico y humano". ¿Qué quiere decir el profesor con eso?

II | Vocabulario

A. *Sinónimos*
Sustituya las palabras en itálicas por palabras sinónimas de la lista, en su forma apropiada.

1. Los jóvenes españoles empezaron a *hacer ruido* con las manos.
2. El tren *empezó a andar*.
3. Ellos *cambiaron de residencia*.
4. Las fiestas *tendrán lugar* en el mes de mayo.
5. Ellos *caminan sin dirección precisa*.
6. Nosotros *nos registramos* ayer en el hotel.
7. En ese hotel *predominaba* un ambiente artificial.
8. El empleado *tenía la apariencia* de un millonario.

andar al azar
flotar
mudarse
celebrarse
ponerse en
  marcha
reinar
bordear
parecer
acostumbrarse
palmotear
inscribirse
alegrarse

B. *Asociaciones*
Diga qué asociaciones puede establecer entre las palabras de los dos grupos.

nave   canción
copla   hotel
vagón   barco
embajada   catedral
muelle   vestido
túnica   elevación
cerro   fútbol
temporada   verde
hierba   tren
botones   diplomático

III | Ideas y creencias

1. En la década de 1950, cuando la Unión Soviética puso en órbita su satélite "Sputnik", el interés en la ense-

ñanza de la lengua rusa aumentó considerablemente en los Estados Unidos. ¿Qué tipo de relación sugiere este fenómeno?

2. Hoy día muchos países extranjeros se interesan en las cosas de Venezuela y México. ¿Por qué cree usted que esto sucede? En general, ¿qué cree usted de ese tipo de interés en estos dos países hispanoamericanos?

3. El profesor ha hablado de Henry Ford y de la OPEP. ¿A qué tipo de problema está aludiendo él?

4. El término "la dulce vida", adoptado del italiano, no tiene exactamente la misma significación para todas las personas. ¿Qué significa, específicamente, ese término para usted? ¿Con qué cosas o actividades lo identifica?

IV | Proyecto de clase

Los países hispánicos son famosos por la cantidad de días festivos que tienen. Imaginar que adoptamos una práctica similar en el calendario académico de nuestra universidad y discutir, por ejemplo:

Cuántos días festivos, sin clases ni tareas (*assignments*) escolares, vamos a tener cada semestre.

Qué días específicos vamos a declarar días festivos y dar razones o excusas lógicas para declararlos así.

Qué beneficios obtendremos de esa práctica y qué precios tendremos que pagar por adoptarla.

Quiénes, en nuestra universidad, probablemente expresarán oposición a ella, y por qué.

Si, en general, el nuevo sistema adoptado es mejor que el que teníamos antes, y las razones para preferir el uno o el otro.

V | Ejercicio escrito

Escríbale una carta al profesor de este libro, explicándole sus reacciones generales a las cosas que ha dicho él (si lo desea, puede enviársela a él por correo). Por ejemplo:

¿Cree usted que ha sido él objetivo en sus descripciones de la vida española? ¿Mostró algunos prejuicios?

¿Habló demasiado de ciertas cosas, demasiado poco de otras? ¿Omitió algunas cosas que usted considera importantes?

¿Ha cambiado algo su imagen de España y de los españoles como resultado de haber leído estas notas? ¿Ejemplos?

En cuanto a la posibilidad de viajar con poco dinero, ¿aprendió usted algunas cosas útiles aquí?

¿ ——————————————————————————————— ?

❧ Vocabulario

The following types of words have been omitted from this vocabulary: identical cognates and some very close cognates whose meaning is clear; conjugated verb forms except for irregular past participles and some uncommon present participles; personal pronouns and possessive and demonstrative adjectives and pronouns unless they have a special meaning in the text; easily recognizable adverbs that end in **-mente,** as well as common diminutives (**-ito, -ita**) and superlatives (**-ísimo, -ísima**); numerals; days of the week and months of the year; and simple words found in elementary texts.

Adjectives ending in **-o** in the masculine and **-a** in the feminine are given in the masculine form only.

Gender is not indicated for masculine nouns ending in **-o** and feminine nouns ending in **-a.**

Reflexive verbs are indicated by the reflexive pronoun **se** attached to the infinitive.

Radical and spelling changes (e.g., **pedir → pide, pidió; conducir → conduzco**) are indicated in parentheses following the verb in question: **pedir (i, i); conducir (zc).**

Abbreviations

adj	adjective	*mf*	same word ending for both genders
adv	adverb		
Angl	Anglicism	*n*	noun
coll	colloquial	*pl*	plural
f	feminine noun	*pp*	past participle
inf	infinitive	*sing*	singular
m	masculine noun	*Span Am*	Spanish America

A

abandono neglect

abdicar to abdicate

abierto *pp of* **abrir;** *adj* open

abogado lawyer

abordar to board

abovedado vaulted

abrir to open

absoluto absolute

abstenerse to abstain; — **de** to refrain from

abuelo, -a *m* grandfather; *f* grandmother

abundancia abundance

abundante abundant

acabar to end, finish; — **de** + *inf* to have just; — **por** + *inf* to end up

acceder to agree

acceso access

acción *f* action

aceite *m* oil; — **de oliva** olive oil

aceituna olive

acento accent

acera sidewalk

acercarse (a) to approach

acogedor warm, friendly

acogida welcome, reception

acomodado well-to-do

acompañar to accompany; to enclose

aconsejable advisable

aconsejar to advise

acordarse (ue) (de) to remember

acostarse (ue) to go to bed; to lie down

acostumbrado accustomed, used to

acostumbrarse (a) to get used to

actitud *f* attitude

actividad *f* activity

actriz *f* actress

actual present-day

actualidad *f* present time

actualmente at present

actuar to act; to behave; **manera de —** behavior

acuerdo: estar de — to agree; **de — con** according to

acusar to accuse

Adán Adam

adaptar to adapt; **—se** to adjust

adecuado adequate

adelantado: por — in advance

adelante ahead; forward; **salir —** to make progress, to get ahead

adelgazar (c) to lose weight

además besides

adherirse (ie, i) to espouse (e.g., a cause)

adicional additional
adinerado well-to-do
adivinar to guess
adjetivo adjective
administrador administrator
admiración *f* admiration
admirar to admire; —**se (de)** to wonder at
admirativo admiring
adonde (to) where
adoptar to adopt
adormecerse to get numb
adornar to adorn
adquirir (ie) to acquire
adquisitivo: poder — buying power
aduana customhouse
adulterado adulterated
advertencia warning
advertir (ie) to warn
aeropuerto airport
afección *f* ailment
afectar to affect
afecto affection
aficionado: ser — a to be fond of
afirmar to affirm
afortunado fortunate, lucky; **los —s** the lucky ones
afrenta affront
afueras: las — the outskirts
agencia: — de turismo tourist agency
agente *mf* agent; **— de la autoridad** police or army officer
agotar to exhaust
agradable pleasant
agradar to please
agradecer (zc) to be grateful for
agraviado offended
agregar to add
agresividad *f* aggressiveness
agresivo aggressive

agresor aggressor
agrícola agricultural
agua: — potable drinking water
aguantar to endure
agudo sharp
agujero hole
ahorrar to save (e.g., money)
ahorros *mpl* savings
aire: al — libre in the open air
aislado isolated
aislarse to be or to become isolated
ajetreo bustle
ajo garlic
al + *inf* on, upon + —*ing;* **al (mes)** per (month)
alabanza praise
alargado elongated
alcanzar to reach; to achieve, to obtain; **— para** to be enough to
aldea village
alegrarse (de) to be glad (to, of)
alegría joy, gaiety
alejarse (de) to walk away (from)
alemán, -a German
Alemania Germany
alentar (ie) to encourage
alimentarse (de) to feed (on); to thrive (on)
alimento food, nourishment
aliviar to alleviate, to relieve
alivio relief
alma *f* soul (*sing* **el alma**)
almeja clam
Almirante *m* Admiral (reference to Columbus)
almorzar (ue) to have lunch
almuerzo lunch
alojamiento lodging
alojar(se) to lodge, stay
Alpes *mpl* Alps

alquilar   to rent
alquiler *m*   rent
alrededor   around; — **de** around
alternar   to alternate
altivo   proud, haughty
alto: pasar por —   to overlook, to ignore
altura   altitude
aludir   to allude
aluminio   aluminum
allá: más —   farther away, beyond
allí: por —   around there
amable   kind
amanecer (zc)   to dawn; *m* dawn
amante *mf*   lover
amar   to love
amarillo   yellow
ambiente *m*   environment; atmosphere
ambos, -as   both
amenazar   to threaten
amigable   friendly
amigablemente   in a friendly way
amistades *f*   acquaintances, friends
amor *m*   love
amoroso   amorous, loving
amplio   ample, broad
amueblado   furnished
analizar   to analyze
anaquel *m*   shelf; —**es de libros** bookstacks
anarquía   anarchy
anárquico   anarchic, anarchical
ancho   wide
andaluz, -a (*mpl* **andaluces**) Andalusian
andar   to walk
anécdota   anecdote, story
anfiteatro   amphitheater

anglosajón, -a   Anglo-Saxon
ánimo: estado de —   mood
anís *m*   anise-flavored brandy
anochecer: al —   at nightfall
anormal   abnormal
anotar   to note, jot down
ansia *f*   longing, yearning (*sing* **el ansia**)
ante   before; in the presence of
antemano: de —   beforehand
antepasado   ancestor
anterior   previous
anticipación: de —   in advance
anticipar   to anticipate
antídoto   antidote
antiguo   old, ancient
antropología   anthropology
anunciación *f*   annunciation
anunciar   to announce, advertise
anuncio   announcement, advertisement, sign; — **clasificado**   classified ad; — **lumínico**   neon sign
añadir   to add
año: el — **que viene**   next year
añorar   to long for
apagar   to turn off
aparato   device; appliance
aparecer (zc)   to appear, show up
aparente   apparent, seeming
aparición *f*   appearance
apariencia   appearance
aparte   apart, aside
apenas   hardly, scarcely; as soon as
apertura   opening
aplastar   to crush
aplicar   to apply (not used in the sense of filing an application)
apoderarse (de)   to take hold (of), seize

apodo nickname
aporte *m* contribution
apóstol *m* apostle
apoyar to support
apoyo support
apreciar to appreciate
aprendizaje *m* apprenticeship
apresar to seize
apretado tight
aprobar (ue) to approve; to pass (e.g., a law, an examination)
apropiado appropriate, proper
aprovechar to make good use of; **—se de** to take advantage of
árabe Arab
arabesco arabesque (ornament in the Arabian style)
Arabia: — Saudita Saudi Arabia
Aragón *m* region in northeastern Spain
árbol *m* tree
arco arch
archivo: — de tarjetas card file
árido arid
aristócrata *mf* aristocrat
arma *f* weapon (*sing* **el arma**)
armado armed
armónico harmonic
arquitecto architect
arquitectura architecture
arrastrar to drag
arreglado fixed
arreglárselas to manage
arrepentido repentant
arrepentimiento repentance
arrepentirse to repent, regret
arrojar to throw
arroz *m* rice; **— con leche** rice pudding
arte *mf* art
artículo article

asado roasted, roast
asalto assault
ascender (ie) to ascend, go up
ascenso promotion
asegurado assured
asentir (ie, i) to assent, agree
asesinar to assassinate, murder
asesino assassin, murderer
así so; thus; in this way; **— como** as well as; **— es que** so that, therefore; **aun —** even so
asiduo assiduous, habitual, frequent
asiento seat; **— reclinable** reclining seat
asignatura (academic) subject
asistencia attendance; assistance, help
asistir (a) to attend
asociación *f* association
asociar(se) to associate
asombrarse to be amazed
asombro amazement
asombrosamente amazingly
aspirar to aspire
asunto matter, subject matter
atacante *mf* attacker
atacar to attack
ataque *m* attack
atención *f* attention
atender (ie) to wait on
atentamente attentively; **de usted muy —** yours truly
atestado packed, overcrowded
atleta *mf* athlete
atmósfera atmosphere
atracado moored, docked
atractivo attractive; *m* attraction
atraer to attract
atrás behind; **dejar —** to leave behind
atravesar (ie) to cross

atreverse (a) to dare
atribuir (y) to attribute
aumentar to increase
aumento increase
aun even; **— así** even so
aún still; yet
aunque although, even though
austeridad *f* austerity
autenticado authenticated
auténtico authentic
autodefensa self-defense
autonomía autonomy
autor author
autoridad *f* authority; **agente
    de la —** police or army
    officer
autoritario authoritarian
avanzar to advance
aventura adventure; **—
    amorosa** love affair
avergonzado ashamed,
    embarrassed
avión *m* airplane
avistar to come into one's view
    (e.g., from a distance); to catch
    sight of
ayuda help, aid
ayudar to help
azafata air hostess
azafrán *m* saffron
azar: al — at random
azúcar *mf* sugar; **caña de —**
    sugar cane
azulejo glazed tile

B

bachiller *mf* bachelor (holder
    of degree)
bachillerato Spanish secondary
    school program
bahía bay
bailar to dance
bailarín dancer (professional)
baile *m* dance; dancing

bajar to go down; **— de** to get
    off (e.g., a vehicle)
bajo lower, under, underneath;
    — cero below zero; **más —**
    lower; **piso —** ground floor
balanceado balanced
banco bank
bandera flag
bandolero bandit, highwayman
baño bathroom
barato cheap, inexpensive; *adv*
    cheaply, inexpensively
barba (*or* **barbas**) beard
bárbaro barbarian
barca boat
barco ship
barrera barrier
barrio neighborhood, quarter
basado (en) based (on)
bastante quite, rather; a great
    deal
batalla battle
bautizar to baptize; **—se** to be
    baptized
bautizo baptism
beber to drink
bebida drink, beverage
beca scholarship
Bélgica Belgium
belleza beauty
bendición *f* blessing
beneficiar(se) to benefit
beneficio benefit
beneficioso beneficial
Berna Berne (Switzerland)
besar to kiss
Biblia Bible
biblioteca library
bibliotecario librarian
bien well; **— nacido** well-
    bred; **más —** rather
bienvenido welcome
billete *m* ticket; bill (e.g., bank
    note)

biología biology
blanco white; *m* target; **en —**
blank
blando soft
blusa blouse
bocadillo snack, sandwich
boda wedding
bolsa: — de papel paper bag
bolsillo pocket
borde *m* edge
bordear to border
borrachera drunkenness
borracho drunk
Bosco: el — Hieronymous
Bosch (1450?–1516), Dutch
painter
bota: — de vino leather wine
bag
botella bottle
botones *m* bellhop
breve brief
brigada brigade
brindar to offer
brisa breeze
Bruselas *f* Brussels
burlador seducer; deceiver
burlar to seduce; to deceive;
—se (de) to make fun (of)
burocracia bureaucracy
burócrata *mf* bureaucrat
buscar to look for, seek
búsqueda search

C

caballero gentleman; knight;
cavalier
caballo horse; **a —** on
horseback
cabeza head; **a la —** at the
fore
cabo cape; **al —** finally
cachorro: — de león lion cub
cadena chain; **— de televisión**
television network

caer to fall
café *m* café; coffee
caída fall
calamar *m* squid
calcular to calculate, estimate
calefacción *f* heat, heating
calidad *f* quality
cálido warm, hot (climate)
califa *m* caliph
califato caliphate
calor *m* heat; warmth; **hacer —**
to be warm, hot (weather)
caloría calorie
calvo bald; bare, barren
calzada wide cobblestone street
calzones *mpl* trousers, pants
callado silent, quiet, reserved
callejuela side street, alley
cama bed
camarero waiter
camarón *m Span Am* shrimp
cambiar to change
cambio change; exchange; **en
—** on the other hand
caminar to walk
camino road, path
camionero truckdriver
camisa shirt; **— deportiva**
sportshirt; **— de vestir** dress
shirt
campaña campaign
campesino peasant
campo countryside; field; court
canadiense Canadian
canción *f* song; **— de cuna**
lullaby
cansado tired
cansancio tiredness, weariness,
fatigue
cansarse to be or become tired
cantante *mf* singer
cantaor flamenco singer
cantar to sing
cante *m* flamenco singing

cantidad *f* quantity, amount
canto song; singing
caña: — de azúcar sugar cane
capacidad *f* capacity, ability
capacitado qualified
capaz (*pl* **capaces**) capable, competent
capitolio capitol
capitular to capitulate; to give up
captar to get, grasp
capturar to capture
cara face
carácter *m* character
característico, -a characteristic; *f* characteristic
caracterizar to characterize
cárcel *f* jail, prison
carecer (zc) (de) to lack
cargado (de) loaded (with)
cargar to carry
cargo: a — de in charge of
carne *f* flesh; meat
carpeta hotel desk
carrera career
carretera highway
carta letter; playing card
cartel *m* sign; poster
cartelón *m* sign; poster; placard
cartomancia fortunetelling with cards
casa: — particular private home
casarse to get married
caseta kiosk
caso case; **hacer —** to pay attention
castañuela castanet
castellano, -a Castilian; *m* Spanish (language)
castidad *f* chastity
Castilla Castile (region in north and northcentral Spain)

castizo pure; pure-blooded (identified with traditional Spanish ways)
casualidad *f* chance
catalán, -a Catalan; Catalonian
Cataluña Catalonia (region in northeastern Spain)
cátedra teaching position, professorship
catedral *f* cathedral
causa cause; **a — de** because of
causar to cause
cautela caution
celebración *f* celebration
celebrarse to hold (an event); to take place
célebre famous
cena supper, evening meal
cenar to have supper
ceniciento ash-colored
censura censorship
céntimo penny
céntrico centrally located
cerca (de) near
cercano nearby; neighboring
cerdo pig; pork
ceremonia ceremony
ceremonioso ceremonious
cerrar (ie) to close
cerro hill
cervecería brewery
cerveza beer
cesta basket
cicatriz *f* (*pl* **cicatrices**) scar
Cid: el — Rodrigo Díaz de Vivar (1040?–1099), a Spanish national hero
ciego blind
cielo sky; heaven
ciencia science
científico scientific
ciento: por — per cent
cierto certain; a certain; **hasta — punto** to a certain extent,

up to a point; **por —** by the
way; **ser —** to be true
cigarrillo cigarette
cigarro cigar
cimitarra scimitar
cine *m* movies; movie theater
circo circus
circular to circulate
círculo circle
cisne *m* swan
cita appointment; date
citar to quote
ciudadanía citizenship
ciudadano citizen
civil: estado — marital status
civilización *f* civilization
claro bright; clear; of course
clase *f* class; kind, type; **—
media** middle class
clasificar (qu) to classify
clavar to fix (e.g., one's eyes)
clima *m* climate
cobrar to charge
cobre *m* copper
cocina cooking, cuisine
cocinar to cook
coche *m* car; coach; carriage
cochinillo: — asado roast
suckling pig
código code
cojear to limp; **— del mismo
pie** to have the same
weakness
cola line (of people); **hacer —**
to stand in line
colaborador contributor
colapso collapse, breakdown
colesterol *m* cholesterol
colgar (ue) to hang
colina hill
colmo: para — to top it off, to
make things worse
Colón: Cristóbal —
Christopher Columbus

colonia colony
color: a todo — in full color
colorear to color
columna column
combatir to combat, to fight
comedor *m* dining room
comentar to comment
comenzar (ie) (c) to begin
comerciante *mf* merchant
cometer to commit; to make
(e.g., a mistake)
comienzo beginning
comisión *f* commission
como as; like; since, inasmuch
as; about, approximately;
tan(to)... como as . . . as
cómo how; **¿cómo?** how?
what?; **¡cómo no!** of course!
comodidad *f* comfort
cómodo comfortable
compañero de cuarto
roommate
comparar to compare
compartimiento compartment
compartir to share
competencia competition,
contest
competente competent
complejo complex
complicado complicated
componer to compose, make
up
compositor composer
comprensión *f* understanding
comprobar (ue) to verify; to
confirm
computadora computer
común common; average;
poco — uncommon
comunicar(se) to communicate
comunicativo: poco —
reserved, not inclined to talk
comunidad *f* community
comunión *f* communion

concebir (i, i) to conceive
conceder to grant
conciencia conscience
concienzudamente
 conscientiously, thoroughly
concierto concert
concisión *f* concision,
 conciseness
conciso concise
conde *m* count
condenación *f* condemnation;
 damnation
condenar to condemn
conducir (zc) to drive; **—se** to
 conduct oneself, behave
conferencia lecture
confinar to confine
confrontar to confront
confuso confused
congelar(se) to freeze
congestionar to congest
conjunto musical group
conmovedor moving
 (emotionally)
conmover (ue) to move
 (emotionally)
conocer (zc) to know (e.g., a
 person, a place)
conocido known; well-known
conquista conquest
conquistar to conquer
consciente conscious
conseguir (i, i) to get, obtain;
 — + *inf* to succeed in
consejero adviser
consenso consensus
conservador conservative
consistir to consist; **— en** to
 consist of
consolar(se) (ue) to console
 (oneself)
constituir (y) to constitute
constituyente: convención — *f*
 constitutional convention

construcción *f* construction
construir (y) to build
consuelo consolation
consumerismo *Angl* tendency
 to regard the consumption of
 goods as the primary goal of
 society
contar (ue) to count; to tell
 (e.g., a story); **— con (que)** to
 count on
contemplar to contemplate,
 view
contener (ie) to contain; **—se**
 to contain, restrain oneself
contenido contents; content
contento: estar — to be happy
 (about something)
continuidad *f* continuity
continuo continuous
contra against
contrabandista *mf* smuggler
contrabando contraband;
 smuggling
contradecir (i) to contradict
contrario: al — on the contrary;
 de lo — otherwise; **por el —**
 on the contrary; **todo lo —**
 just the opposite
contrato contract
contribuir (y) to contribute
contribuyente *mf* contributor
convencer (z) to convince
convención *f* convention
convento convent
conversador conversationalist
convertir(se) (ie, i) to convert;
 — en to turn into;
 convertirse en to become
convicción *f* conviction
convivir to live together
convocar (qu) to convoke, to
 issue a call (e.g., for a
 meeting)
coñac *m* cognac

cooperar to cooperate
coordinar to coordinate
copia copy
copla popular song
coraje *m* spirit, courage
corazón *m* heart
corona crown
corporación *f* corporation
corrección *f* correction
correcto: lo — the correct
thing, the right thing
corregir (i) (j) to correct
correo (*or* **correos**) mail; post
office; postal service; **por
correo** by mail
correr to run
correspondencia
correspondence; mail
corresponder to correspond
correspondiente corresponding
corresponsal *mf* correspondent
corrida: — de toros bullfight
corriente: hallarse *or* **estar al —**
to be well informed, up to
date; to be aware of
cortar to cut
corte *f* (royal) court
Cortes *fpl* Spanish Parliament
Cortés: Hernán — (1485–1547)
Spanish conqueror of Mexico
cortesía courtesy; **por —** out
of, motivated by courtesy
cortina curtain
corto short
cosa thing; **gran —** a big deal
coser to sew
costa coast; cost; **a toda —** at
all costs
costar (ue) to cost; **— trabajo**
to be difficult
coste *m* cost
costear to pay for; to afford
costo cost
costoso costly, expensive

costumbre *f* custom; **como de
—** as usual
crear to create
creativo creative
crecer (zc) to grow
credo creed
creencia belief
creer to believe, think
creíble credible, believable
criado servant
crimen *m* crime
criminalidad *f* criminality,
criminal acts
cristiano *coll* Spanish
(language)
criticar (qu) to criticize
crítico -a *n* critic; *adj* critical;
f criticism
crueldad *f* cruelty
cruz *f* cross
cruzar to cross
cuadra *Span Am* linear city
block
cuadro painting, picture
cualquier(a) any; anyone
cuando: de vez en — once in a
while
cuanto: en — as soon as; **en —
a** as for, with regard to; **unos
cuantos** quite a few
cuarto room
cubano, -a Cuban
cubierto *pp of* **cubrir**; *adj*
covered
cubismo cubism
cubrir to cover
cuenta bill; **darse — de** to
realize; **en fin de —s** in
short; **llevar la —** to keep
track; **tener en —** to take into
account; to keep in mind
cuento story; short story
cuero leather
cuerpo body; corps

cuestión *f* matter, question
cuestionar to question, dispute
cueva cave
cuidado care; **tener —** to be careful
cuidar (de) to take care of
culminar to culminate
culpable guilty
culpar to blame
cultivar to cultivate
cumplirse to be fulfilled (e.g., a prediction)
cuna cradle; **canción de —** lullaby
curar to cure
curioso: lo — the curious thing
curso course
cuyo whose

CH

chapado a la antigua old-fashioned
chaqueta jacket
chica girl, young woman
chico boy, young man
chimenea chimney
chisme *m* gossip, piece of gossip
chiste *m* joke
chocar to bother, to be bothersome
chofer *m* chauffeur, driver
chorizo pork sausage

D

danés, -a Danish
daño damage
dar to give; **— un paseo** to take a walk
debajo: por — de under, below, underneath
deber: — + *inf* must, have to, ought to; **— de + *inf*** must

debido due, proper
debilidad *f* weakness
década decade
decaer to decay
decepción *f* disappointment
decir (i): es — that is to say; **querer —** to mean
decoración *f* decoration
decorar to decorate
decoro decorum; honor
decreto decree
dedo finger
deferencia deference
dejar to leave; to allow, let; **— de + *inf*** to stop or cease; to fail to
delante before, in front; **— de** in front of
delgado thin, slender
delicado delicate
delicia delight
demás: los — the others, the rest
demasiado, -a too much; *pl* too many; *adv* too, too much
democrático democratic
demostrar (ue) to demonstrate, show
dentro inside, within
depender (de) to depend (on)
deporte *m* sport
depositar to deposit; to place
derecha right (side or direction); right wing (politics)
derecho right; law; **dar — a** to entitle one to
derrota defeat
derrotar to defeat
desagradable unpleasant
desahogarse to unburden oneself, let oneself go; to express one's feelings
desalentar (ie) to discourage

desaparecer (zc) to disappear
desaparición *f* disappearance
desapasionado dispassionate
desarrollar(se) to develop
desarrollo development
desastre *m* disaster
desastroso disastrous
desayunar(se) to have breakfast
descansar to rest
descender (ie) to descend, go down
descendimiento descent
descomunal enormous
desconchado chip (a mark made by chipping)
desconfiar (de) to distrust
descontento discontent, displeasure
descorazonado disheartened; dejected
descrito *pp of* **describir** described
descubierto *pp of* **descubrir**; *adj* discovered
descubrimiento discovery
descubrir to discover
descuento discount
desde from; since
desdén *m* disdain, scorn
desdeñar to disdain, scorn
desear to desire, wish
desempleado unemployed
desempleo unemployment
desengaño disappointment
desentenderse (de) to pay no attention to, ignore
deseo desire, wish
desfavorable unfavorable
desgracia: por — unfortunately
desgraciadamente unfortunately
deshacer to undo; **—se de** to get rid of
deshumanizado dehumanized

desierto desert
desigual uneven
desilusión *f* disillusion, disillusionment; disappointment
desilusionar to disillusion; to disappoint; **—se** to be disillusioned; to be disappointed
desintegrarse to disintegrate
desinteresado generous, not motivated by financial considerations
desmayarse to faint
desnudo naked
desodorante *m* deodorant
desordenado disorderly
despacho (news) dispatch
despedida farewell
despedir (i, i) to dismiss; **—se de** to take leave of, say good-bye to
despertar(se) (ie) to wake up
desplegar (ie) to display
desproporcionado disproportionate
después afterwards; later; then; **— de** after
destacar (qu) to emphasize; **—se** to stand out
destape *m* striptease
destinado destined
destino destination; **con — a** bound for
desventaja disadvantage
detalle *m* detail
detener(se) to stop
detrás (de) behind
devoción *f* devotion
devolver (ue) to return, give back
devoto *adj* devout; *n* devotee
día: a los pocos —s de a few days after; **al —** a day, per day; **de — en —** from day to day

diariamente daily
diario daily; *m* diary
dibujar to draw
dibujo drawing
dictadura dictatorship
dictar to dictate
dicho *pp of* **decir** said;
aforementioned; *m* saying,
proverb
diente *m* tooth; **cepillo de —s**
toothbrush; **pasta de —s**
toothpaste
diestro skillful
diferenciar to differentiate;
—se to differ
digerir (ie, i) to digest
dignidad *f* dignity
digno dignified; worthy
diminuto small
Dinamarca Denmark
dinamita dynamite
dinastía dynasty
Dios *m* God; **¡por — !** for
heaven's sake!
diplomático diplomat
dirección *f* direction; address
dirigir (j) to direct; to address
discípulo disciple
discreción *f* discretion
discriminar to discriminate
discurso speech
discutir to discuss
diseminar to disseminate; to
scatter
diseñar to design
disfrutar to enjoy
disimular to disguise
disipado dissipated
disminuir (y) to diminish, to
decrease
disparo gun shot
disponerse (a) + *inf* to get
ready to

dispuesto: estar — a + *inf* to
be willing to
distinguir to distinguish; **—se**
to distinguish oneself; to stand
out
distorsionado distorted
distribuir (y) to distribute
distrito district
disturbio disturbance
diversión *f* entertainment
divertirse (ie, i) to have a good
time, enjoy oneself
divulgar to divulge
doblar to turn
doble double
docena dozen
dominación *f* domination
dominar to dominate; to
handle well (e.g., a language)
dondequiera anywhere
donjuanesco Don Juan-like
doña title of respect used
before female first names
drenar to drain
droga drug
duda doubt; **sin —** without
doubt, no doubt
dudar to doubt
dudoso doubtful
dueño owner
dulce sweet
duque *m* duke
duquesa duchess
durante during
durar to last
duro hard

E

economía economy; economics
económico economic,
economical; inexpensive
echar to throw, toss; **— de**

menos to miss (emotionally);
— **una siesta** to take a nap
edad *f* age; **Edad Media**
Middle Ages; **persona de —**
older person
edificio building
editar to publish
editor publisher
educado educated; well-
mannered
educativo educational
efecto effect; **en —** in fact, as
a matter of fact
eficiencia efficiency
Egipto Egypt
egoísta egoistic, selfish
ejecutar to execute
ejecutivo executive
ejemplar *m* copy (of a book or
magazine)
ejemplo example; **por —** for
example
ejercicio exercise
ejército army; armed forces
el: — de that of; **— que** he
who, the one that
Eldorado legendary Indian
chief (and region) of great
wealth in South America
elegir (i, i) (j) to elect; to choose
elemental elemental;
elementary
elevado elevated; lofty
elusivo elusive
embajada embassy
embarazo embarrassment
embarazoso embarrassing
embargo: sin — however,
nevertheless
emborracharse to get drunk
emigrar to emigrate
emitir to express (e.g., an
opinion)

emocionar to move
empezar (ie) to begin
empleado employee
emplear to employ; to use
empleo employment, job,
position
empobrecido empoverished
emprender to undertake
empresa undertaking,
enterprise
empresario manager,
entrepreneur
empujar to push
enamorado in love
enamorarse (de) to fall in love
(with)
enarbolar to wield
encaje *m* lace
encantador enchanting,
charming
encanto charm
encargado (de) in charge (of)
encima (de) on, upon, on top
of; **por — de** above, over
encontrados conflicting, mixed
(e.g., emotions)
encontrar (ue) to find; **—se** to
find oneself; to be; to be
found, located
encuentro encounter, meeting
enchufe *m* *coll* connections;
tener — to have good
connections
enemigo enemy
énfasis *m* emphasis; **hacer —
en** to emphasize
enfermedad *f* sickness, illness,
disease
enfermo sick, ill; sick person
enfrentar to confront; to face
engaño deceit
engordar to gain weight
enjalbegado whitewashed

enmienda amendment
enorme enormous
enredadera climbing plant
enrejado protected by gratings
ensalada salad; **— mixta**
tossed salad
ensayista *mf* essayist
ensayo essay
enseñanza teaching;
education; **segunda —**
secondary education, school
enseñar to teach; to show
entablar to start (e.g., a
conversation)
entender (ie): —se con to get
along with; **hacerse —** to
make oneself understood
enterado: darse por — to
acknowledge
enterarse (de) to find out, learn
about
entero whole
enterrar (ie) to bury
entierro burial
entonar to intone, sing
entonces then; at that point
entrada entrance; admission;
income
entrar (en) to enter, go in
entre between; among
entreabierto half-open
entrecote *m* beefsteak
entregar to hand in, hand over;
to deliver
entrenado trained
entretener to entertain
entrevista interview
entusiasmo enthusiasm
enviar to send
envidiar to envy
época epoch; age; time
equilibrio equilibrium
equipaje *m* luggage

equipo team
equivocado mistaken, wrong
erróneo erroneous
erudito scholar
escala scale
escalofrío chill, shiver
escalón *m* step (of a stair)
escandinavo Scandinavian
escapar to escape
escaso scarce, scant
escena scene
escepticismo scepticism
esclavo de enslaved by
escocés: whiski — *m* Scotch
(whisky)
escoger (j) to choose
esconder(se) to hide
escrito *pp of* **escribir;** *adj*
written
escritor writer
escrutinio scrutiny
escuchar to listen
esencial essential
esfera sphere
esforzarse (ue) (c) to strive
esfuerzo effort
eso: a — de about (e.g., nine
o'clock); **— de** that business
of; **por —** for that reason;
that is why
espacio space, room
espacioso spacious, roomy
espagueti *m* spaghetti
espalda back (part of the
body); **a la —** on one's back
españolismo Spanish
patriotism; Spanish nature
esparcir to scatter
especia spice
especialidad *f* specialty
especialista *mf* specialist;
(academic) major
especializarse to specialize;

to major in

especie *f* species; **una — de** a kind of

especificar (qu) to specify

específico specific

espectáculo spectacle

espejo mirror

esperanza hope

esperar to expect; to wait; to hope

espía *mf* spy

espina thorn

espíritu *m* spirit

espontáneo spontaneous

esposo, -a *mf* spouse; *m* husband; *f* wife

esquimal *mf* Eskimo

esquina (outside) corner; street corner

estabilidad *f* stability

estable stable, steady

establecer (zc) to establish; **—se** to establish oneself; to settle down

establecimiento establishment; store

estación *f* station; season (of the year)

estacionamiento parking

estacionar(se) to park

estado state; **— civil** marital status; **— de ánimo** mood; **Estados Unidos** United States

estadounidense pertaining to the United States; American

estancia stay

estanque *m* pool

estar de acuerdo (con) to agree (with)

estereotipado stereotyped

estereotipo stereotype

estilo style; **al — norteamericano** American style

estimado dear; *m* estimate

estimar to estimate; to esteem; to regard as; to believe

Estocolmo Stockholm

estómago stomach

estratégico strategic

estrecho narrow

estrella star

estrenar to show (e.g., a movie) for the first time

estribación *f* slope near a mountain chain; foothill

estricto strict

estridente strident

estructura structure

estudiantil: manifestación — *f* student demonstration

estudio study

estupendamente wonderfully, superbly

estupidez *f (pl* **estupideces)** stupidity, stupid remark

eterno eternal

ética ethics

etiqueta etiquette; label

étnico ethnic

europeo, -a European

evadir to evade

evaluación *f* evaluation

evaluar to evaluate

evidencia evidence

evitar to avoid

evocador reminiscent

evocar (qu) to evoke

exaltar to exalt

examinar to examine; to inspect

excavar to excavate

excelencia: por — par excellence

excentricidad *f* eccentricity

excéntrico eccentric

excitar to excite (e.g., one's imagination)

excursionista *mf* excursionist
exhibir to exhibit; to show (e.g., a film)
exigir (j) to require
exiliarse to go into exile
existente *adj* existing
éxito success; **tener —** to be successful
experimentar to experience
explanada esplanade
explicable: ser — to be understandable
explicación *f* explanation
exponer to expound; to expose
expuesto *pp of* **exponer;** *adj* exposed
expulsar to expel
extender (ie) to extend; to stretch out; **—se a** to reach
extenso vast, extensive
exterior: el mundo — the outside world
extranjero *adj* foreign; *n* foreigner; **en el —** abroad; **un viaje al —** a trip abroad
extrañar to be surprised; to miss (emotionally)
extraño strange; **persona extraña** stranger
extremista *mf* extremist
extremo extreme; *m* end, tip; **extrema derecha** far right (politics)
extrovertido *adj* outgoing; *n* extrovert

F

fábrica factory
fabricación *f* manufacture
fabricante *mf* manufacturer
fabricar (qu) to manufacture
facilidad *f* facility, ease

Facultad *f* school (of a university)
fachada façade
faja strip
falangista Falangist
falda skirt
falsificación *f* forgery
falso false; counterfeit
falta lack
faltar to lack, be lacking
fallar to fail
fama fame; reputation
familiar *adj* familiar; *mf* relative
familiaridad *f* familiarity
familiarizarse (con) to familiarize oneself, become familiar, acquainted (with)
fantasma *m* ghost
fantasmal ghost-like
farmacia pharmacy
fascinante fascinating
fascinar to fascinate
fascismo Fascism
fase *f* phase
favorecer (zc) to favor
favorito favorite
fe *f* faith
fecha date; **— de nacimiento** date of birth
felicidad *f* happiness
feliz *(pl* **felices)** happy
fenicio, -a Phoenician
fenómeno phenomenon
feo ugly
feria fair
ferrocarril *m* railroad
fértil fertile
ferviente fervent
festividad *f* festivity, holiday
festivo: día — *m* holiday
ficción *f* fiction
ficticio fictitious

fidelidad *f* fidelity
fiero fierce
figurar to figure
fijarse (en) to notice, to pay
attention to
fila row, line
Filipinas Philippines (islands)
filmar to film
filosofar to philosophize
filosofía philosophy
filósofo philosopher
fin *m* end; **en —** in short;
por — finally
final final; *m* end; **al —** at
the end
financiero financial; **ayuda
financiera** financial aid
finanzas *fpl* finances
fines: a — de toward the end
(e.g., a month)
firma *f* signature; firm
firmar to sign
firme *adj* firm
física *f* physics
físico physical
flamenco, -a Flemish;
Andalusian (song, dance, etc.)
flor *f* flower
Florencia Florence (Italy)
flota fleet
flotar to float
fluidez: con — fluently
fluir (y) to flow
folleto brochure
fondo bottom; **en el —**
ultimately, all things
considered
foráneo foreign
forma *f* form; way
formar to form
formato format
formulario formulary, form
fornido husky

fortaleza fortress
forzado forced
fotografía photograph; **sacar
una —** to take a photograph
Fra Angélico (1387–1455)
Italian painter of the early
Renaissance
fracasar to fail
fraccionarse to break up
fraile *m* friar
francés, -a *adj* French; *n*
French person
Francia France
franco frank
franquista pertaining to
Francisco Franco
frase *f* phrase
fraternidad *f* fraternity
frecuencia frequency; **con —**
frequently
frecuentado frequented
frente a facing; in front of
fresco fresh, cool; *m*
coolness; fresh air; **hacer —**
to be cool (weather)
frío: hacer — to be cold
(weather)
frito *pp of* **freír;** *adj* fried
frívolo frivolous
frontera border (of a nation or
state); frontier
fruición *f* fruition, enjoyment
frustrar to frustrate
fruta fruit
fuente *f* fountain; source
fuera outside
fuerte strong
fuerza force; strength
fumar to smoke
función *f* function
funcional functional
funcionar to function; to work,
run (e.g., appliances, devices)

fundador founder
fundar to found
fundición *f* foundry
furioso furious; **ponerse —** to become furious, angry
fusilamiento shooting by firing squad
fusilar to shoot by firing squad
fútbol *m* football (soccer)

G

gabinete *m* cabinet (of government)
Galicia region in northwestern Spain
gallego, -a Galician
galleta cracker; cookie
gamba shrimp
ganar to win; to earn; **—se la vida** to make a living
ganas: tener — de + *inf* to feel like + *gerund*
garantizar to guarantee
gastar to spend (e.g., money)
gasto expense; **—s de pasaje** travel expenses
gazpacho cold vegetable soup
general: por lo — in general
generalizar to generalize
género gender; genre
genial genius-like, brilliant
gente del pueblo common people
Génova Genoa (Italy)
genuino genuine
geográfico geographic, geographical
geranio geranium
gesta gest, exploit
gesticulación *f* grimace
gesto gesture; facial expression; appearance

gimnasia gymnastics; calisthenics
Ginebra Geneva (Switzerland)
gira tour
gitano, -a gypsy
gobernante *mf* ruler
gobernar (ie) to govern, rule
gobierno government
golpe de estado *m* coup d'etat
gordo fat
gótico Gothic
gracia grace; gracefulness; **hacer —** to please, be pleasing
grácil gracefully slender
gracioso funny
grado degree
graduarse to graduate
gramática grammar
gran, grande large, big; great
granadino, -a from or pertaining to Granada
grasa fat, grease
Grecia Greece
gregario gregarious
griego, -a Greek
gris gray
gritar to shout; to scream
grito shout, scream; **poner el — en el cielo** to object strongly
Groenlandia Greenland
grueso thick
guardar to keep; to show (e.g., fidelity)
guardia *m* guard (military officer); *f* guard (military force); **de —** on duty
guerra war
guerrero warrior
guía *mf* guide (person); *f* guidebook, directory
guiar to guide
guiño wink

gustar to like; to please, be pleasing
gusto taste; flavor; pleasure; **de mal —** in bad taste

H

Habana: La — Havana
haber to have (auxiliary); **debe —** there should be
habilidad *f* ability
habitación *f* room
habitante *mf* inhabitant
habla: de — española Spanish-speaking
hablador talkative
hablante *mf* speaker; **— nativo** native speaker
hacer to do; to make; **— caso** to pay attention; **— frío** to be cold (weather); **hace (unos) años** (some) years ago; **—se** to become; **—se entender** to make oneself understood
hacia toward
halagar to flatter
hallar to find; **—se** to find oneself, be, be located
hambre *f* hunger (*sing* **el hambre**)
hasta even; until; to; up to
hay there is, there are; **— que** it is necessary, one must
hazaña exploit
hecho *pp of* **hacer** done, made; *m* fact; deed
heredar to inherit
heredero heir
herencia heritage
hermano, -a *m* brother; *f* sister
hermoso beautiful
héroe *m* hero

heroína heroine
hidalgo a person of the lower nobility
hierba grass
hijo, -a *m* son; *f* daughter; *mpl* sons and daughters, children
hilera row
hipótesis *f* hypothesis
hispano, -a Hispanic
hispanoablante *adj* Spanish-speaking; **—s** Spanish speakers
Hispanoamérica Spanish America
historia history; story
hogar *m* home
Holanda Holland
hombre *m* man
hondo deep
honestidad *f* honesty
honra honor
honrado honest, honorable
honrar to honor
horario timetable, schedule
horda horde
horno: alto — blast furnace
hospedarse to lodge, stay
hostal *m* hostel, pension
hostelería hostel business
hoy día nowadays
huelga strike (of workers)
hueso bone
huésped *mf* guest
huir to flee
humano: ser — human being
húmedo humid, damp
humilde humble
humillación *f* humiliation
humillante humiliating
humo smoke
humorístico humorous

I

ibero, -a   Iberian
ida: de — y vuelta   round trip
idea: hacerse la —   to get the impression, to figure
iglesia   church; **la Iglesia**   the Catholic Church
igual   equal; **al — que**   just like; **— que**   just as
igualdad *f*   equality
igualitario   equalitarian
ileso   unharmed
iluminado   illuminated
iluminar   to illuminate
ilusión *f*   illusion; **hacerse —** to indulge in wishful thinking; to be hopeful
ilustrar   to illustrate
imagen *f*   image; (religious) statue
imaginación *f*   imagination
imperdonable   unforgivable
imperio   empire
impersonalidad *f* impersonality
imponente   imposing
imponer   to impose
importar   to import; to be important, to matter; **no importa**   it doesn't matter
imprenta   printing press
impresión *f*   impression
impresionado   impressed
impresionismo   impressionism
impresor *m*   printer
imprimir   to print
impropio   improper
incansablemente   tirelessly
incapaz *(pl* **incapaces)** incapable, unable
incentivo   incentive
inclinarse   to bow
incluir (y)   to include

incluso   including; even
incluyendo   including
incomodidad *f*   inconvenience; discomfort
inconformidad *f*   inconformity
incorporarse (a)   to join
incorpóreo   incorporeal, bodiless
increíble   incredible
incremento   increase
independizarse   to become independent
indignarse   to become indignant, angry
indio, -a   Indian
indiscreto   indiscreet
individualista   individualistic
individuo *mf*   individual, person
indonesio, -a   Indonesian
inequívoco   unequivocal, unmistakable
inesperado   unexpected
infestado   infested
infierno   hell
infinidad *f*   infinity; a great number
influir (y)   to influence, to have influence
influyente   influential
informe *m*   report; term paper
ingeniero   engineer
ingenuamente   naïvely
ingenuo   naïve
Inglaterra   England
ingresar (en)   to enter, be admitted to (e.g., a university)
iniciar   to initiate, begin; **—se** to be initiated
iniciativa   initiative
inicio   beginning
injusto   unjust, unfair
innato   innate, inborn
innovador *adj*   innovative; *mf* innovator

inscribirse   to register
inspeccionar   to inspect
inspirar   to inspire
instalar   to install
instancia   instance
instintivo   instinctive
instinto   instinct
instrucción *f*   instruction
instructivo   instructive
insuperable   insurmountable
intacto   intact
integrar   to integrate; to form
   —se   to become integrated
intencionado   intentioned
intentar   to try, attempt; to
   intend
intento   attempt
interesarse (en) (por)   to be or
   become interested (in)
intérprete *mf*   interpreter
interrumpir   to interrupt
intervenir   to intervene
intimidad *f*   intimacy, privacy
íntimo   intimate; **— amigo**
   close friend
intrahistoria   (term coined by
   Unamuno) the everyday life
   and traditions that continue
   undisturbed by historic
   events
intranquilidad *f*   unrest, worry,
   uneasiness
inundar   to inundate, flood
inútil   useless
invadir   to invade
invasión *f*   invasion
invertir (ie, i)   to invest
investigación *f*   research
investigar (gu)   to investigate,
   to research
invierno   winter
irse   to leave; *coll* to go; **ir
   tirando**   to get along
irreal   unreal

irrespetuoso   disrespectful
irreverencia   irreverence
irritante   irritating
isla   island
islámico   Islamic
Islandia   Iceland
Italia   Italy
itálica   italic
itinerario   itinerary, schedule
izquierda   left; left wing
   (politics)
izquierdista   leftist

J

jamón *m*   ham
japonés, japonesa   Japanese
jardín *m*   garden
jefe *m*   boss, chief
jerarquía   hierarchy
Jerusalén *f*   Jerusalem
joven   young; *mf* youth,
   young person
joya   jewel
jubilado   retired
judío, -a *adj*   Jewish; *n*   Jew
juego   play; game
jugar   to play; **— a**   to play
   (cards, sports, etc.)
juicio   judgment; **poner en tela
   de —**   to question
junto: — a   next to; along with;
   — con   together with
justificar (qu)   to justify
juventud *f*   youth, young
   people

L

laberinto   labyrinth
labio   lip
labor *f*   work
labrado   carved
ladera   slope, hillside

lado side; **al — de** next to
ladrillo brick
ladrón *m* thief
lanzar: — un suspiro to sigh
lápiz *m* (*pl* **lápices**) pencil
largo long
lástima pity; **¡qué — !** what a
  pity!
latino Latin
lector reader
lectura reading; **sala** or **salón
  de —** reading room
leche *f* milk
lechuga lettuce
legado legacy
legalismo excessive emphasis
  on rules and regulations, red
  tape
legislación *f* legislation
lejos far; **a lo —** in the
  distance
lenguaje *m* style or level of
  language
lento slow
león *m* lion
letra letter (of alphabet); words
  of a song; *pl* Letters, the
  Humanities; **al pie de la —**
  exactly, to the letter
levantar to raise; **—se** to get
  up; to build (e.g., a structure);
  to rise
ley *f* law
leyenda legend
libra pound
librarse (de) to escape
libre free; **al aire —** in the
  open air
libremente freely
librería bookstore
licenciado: (título de) —
  degree, roughly equivalent to
  a Master's
licor *m* liquor

líder *mf* leader
ligar to tie; to connect
ligereza lightness
ligero light
límite *m* limit
limosna: pedir — to beg for
  alms
limpio clean
línea line; **— aérea** air line
lingüístico, -a linguistic; *f*
  linguistics
Lisboa Lisbon (Portugal)
listo, -a smart, intelligent;
  ready; *f* list; line; strip
literario literary
literatura literature
lo: — mismo the same, the
  same thing; **— mucho que**
  how much; **— que** that
  which; what; **—** (+ *adj or adv*)
  how
lógico logic, logical
lograr + *inf* to succeed in
logro achievement
Londres *m* London
lotería lottery
lucha fight, struggle
luchar to fight, struggle
luego then; later
lugar *m* place; **en — de**
  instead of; **— de nacimiento**
  place of birth; **tener —** to
  take place
lujo luxury; **de —** de luxe,
  luxurious
lujoso luxurious
lumínico: anuncio — neon sign
Lutero: Martín — Martin Luther
luz *f* (*pl* **luces**) light

LL

llamada call
llano *adj* flat; *m* plain

llave *f* key
llegada arrival
llenar to fill, fill out; to fulfill
lleno full
llevar to carry; to take (somewhere)
llover (ue) to rain
llovizna drizzle
lluvia rain

M

maceta flowerpot
madera wood
madrileño, -a Madrilenian (inhabitant of Madrid)
madurez *f* maturity
maduro mature
maestría mastery
magia magic
mágico magic, magical
magistral masterly
magnífico excellent
majestuoso majestic
majo handsome
mal: de — gusto in bad taste
malagueño, -a *adj* pertaining to Málaga; *n* inhabitant of Málaga
maleta suitcase
maligno evil
malo bad
malpronunciar to mispronounce
malvado evil, wicked
manejar to handle
manera manner, way; **de — que** so that, so
manifestación *f* demonstration; **— estudiantil** student demonstration
manifestar (ie) to manifest; **—se** to be, become manifest

mano *f* hand
manoseado showing signs of heavy use
manta blanket
mantener (ie) to maintain; to keep; **—se** to maintain, keep oneself; to stay
mantenimiento maintenance
mantequilla butter
manufactura manufacturing
manuscrito manuscript
manzana apple; city block
máquina machine; **— de escribir** typewriter
mar *m* sea; **nivel del —** sea level
maravilloso marvelous, wonderful
marcar (qu) to mark; to dial (a telephone number)
marcha: en — on the way, on the move; **ponerse en —** to start moving
marchar to move; to parade; to walk
margarita daisy
margen: al — de on the fringes of, alienated from
marido husband
mariscos *mpl* seafood
marqués *m* marquis
mas but
más more; **— bien** rather; **nada —** only
masas *fpl* masses
mata plant
matar to kill
materia matter
matón *m* bully
matricularse to register, enroll
matrimonio wedding; marriage; married couple
mausoleo mausoleum
mayor greater; larger

mayoría   majority; **la — de**
  most of
mayormente   mostly
media   stocking
mediano   medium
medianoche *f*   midnight
mediante   through; by means of
medicina   medicine
médico   medical; *m*   doctor,
  physician
medida   measure; **a — que**   as;
  en buena —   to a good extent
medio   half; *m*   middle;
  means; **en — de**   in the midst
  of; **— de prensa**   press media;
  — de transporte   means of
  transportation
mediodía *m*   noon
mediterráneo   Mediterranean;
  m   Mediterranean Sea
mejilla   cheek
mejillón *m*   mussel
mejor   better; **el, la —**   best
mejorar   to improve
melancolía   melancholy
memoria: de —   by heart
mendigo   beggar
menor   smaller; younger; *n*
  minor; **— de (dieciocho) años**
  under (eighteen) years of age
menos   less; fewer; **al —**   at
  least; **echar de —**   to miss
  (emotionally); **por lo —**   at
  least; **tener a —**   to think
  little of, to deem it beneath
  one to
mensaje *m*   message
mensual   monthly; per month
menudo: a —   often
mercado   market
mercancía   merchandise
merecer (zc)   to deserve
mérito   merit

mero   mere
meseta   plateau
mesurado   restrained
metro   meter; subway
mezcla   mixture
mezclar   to mix; to blend; **—se**
  to mix; to mingle
mezquita   mosque
miembro   member
mientras   while
militar   military
milla   mile
millar *m*   thousand; **por**
  millares   by the thousands
ministro   minister
minoría   minority
mirón *m*   Peeping Tom
misa   mass
mismo   same; self; very; **a sí —**
  (to) oneself; **él —**   he himself,
  nosotros mismos   we
  ourselves, etc.; **lo —**   the
  same thing
misterio   mystery
mitad *f*   half
mito   myth
mochila   knapsack
moda   fashion; **estar de —**   to
  be fashionable; **ponerse de —**
  to become fashionable
modales *mpl*   manners
modelo   model
modernización *f*
  modernization
modestia   modesty
modificar (qu)   to modify
modo: de — que   so that; **— de**
  vida   way of life
molestar   to bother, annoy; **—se**
  to be bothered, annoyed; **—se**
  en   to bother to
momentáneamente
  momentarily

monarca *mf* monarch
monarquía monarchy
monasterio monastery
moneda coin; currency
monetario monetary
monja nun
monopolio monopoly
monótono monotonous
monstruoso monstrous
montaña mountain
montar: — a caballo to ride a
 horse
monumento monument
moral *f* morals
morir (ue, u) to die
moro, -a *adj* Moorish; Moslem;
 n Moor; Moslem
mosaico mosaic
mostrador *m* counter
mostrar (ue) to show; **—se** to
 show oneself to be
motivo motive, reason
movilidad *f* mobility
mozo waiter
mucho much; **—s** many
mudarse to move, change
 residence
muebles *mpl* furniture
muelle *m* dock, pier
muerte *f* death
muerto *pp of* **morir** dead
mujer *f* woman; wife
multitud *f* multitude, crowd
mundano mundane, worldly
mundial *adj* world, world-
 wide
mundo world; **por todo el —**
 all over the world; **todo el —**
 everybody
muralla wall (e.g., of a fortress)
murmullo murmur
muro wall; rampart
museo museum

música indirecta background
 music
musulmán, musulmana
 Moslem
mutuamente mutually, each
 other, one another

N

nacer (zc) to be born
nacido born; **bien —** well-
 bred
nacimiento birth; **lugar de —**
 place of birth
nada nothing, not . . . anything;
 — más only; **no tener — que**
 ver con not to have anything
 to do with
nadie no one, nobody
Nápoles Naples (Italy)
naranja orange
naranjo orange tree
natación *f* swimming
natural natural; native
Navarra Navarre (region in
 northern Spain)
navegante *mf* navigator
Navidad *f* Christmas
necesidad *f* need
negar (ie) to deny; **—se a + *inf***
 to refuse to
negativo negative
negocio business
neoclásico neoclassic
nevar (ie) to snow
ni nor; **ni... ni** neither . . . nor;
 — siquiera not even
niebla fog, mist
nieto, -a *m* grandson, *f*
 granddaughter
nieve *f* snow
ningún, ninguno, -a no, not
 any; none

nivel *m* level; — **del mar** sea
level
Niza Nice (France)
Nóbel: premio — Nobel prize
noble *adj* noble; *mf*
nobleman, noblewoman
nobleza nobility
noción *f* notion
noche: de la — a la mañana
suddenly, overnight
nómada nomad, nomadic
nombre *m* name; — **de pila**
first name
noroeste *m* northwest
Noruega Norway
nota note; grade
notar to notice
notario público notary public
noticia news item; **—s** news
noticiero newscast
novio, -a *m* boyfriend, fiancé; *f*
girlfriend, fiancée
nuevo: de — again
número number, figure; issue
(of a magazine or newspaper)
nunca never; not . . . ever

O

obedecer (zc) to obey
obediencia obedience
objetivo *adj* objective; *m*
objective
obligar to force, compel
obligatorio obligatory,
compulsory
obra work (e.g., of art,
literature); — **de teatro** play;
— **maestra** masterpiece
obrero (pertaining to) labor; *n*
worker
observador observer
obstáculo obstacle

obtener to obtain, get
obvio obvious
occidental western
occidente *m* west
océano ocean
ocultar to conceal, hide
ocupar to occupy
ocurrir to occur, happen
oeste *m* west
ofensor offender
oficina office
oficio (manual) job,
occupation; trade; craft
ofrecer (zc) to offer
¡oiga! listen!; well! (formal
sing. command of **oír**)
oír to hear; to listen to
ojo eye
óleo oil painting
oliva: aceite de — olive oil
olivo olive tree
olor *m* odor
oloroso fragrant
olvidar to forget; **—se de** to
forget
olla pot
opción *f* option
oponer to oppose; **—se a** to
oppose, be opposed to
oposición *f* opposition;
competitive examination
oprimir to oppress
optar: — por to decide in favor
of
opuesto *pp of* **oponer**; *adj*
opposed; opposite
oración *f* sentence
órbita orbit
orden *m* order; *f* order,
command
ordenado orderly
ordenar to order
orgullo pride

orgulloso proud
oro gold
orquesta orchestra
oscuridad *f* darkness
oscuro dark
otro other; another; **otra vez** again
¡oye! listen! (familiar sing. command of **oír**)

P

paciente *mf; adj* patient
padre *m* father; **—s** parents
padrino godfather
paella Spanish dish
pagar (gu) to pay; to pay for
página page
país *m* country, nation
paisaje *m* landscape
pájaro bird
palacio palace
palanca *coll* connections; **tener —** to have good connections
Palestina Palestine
palma palm tree
palmera palm tree
palmotear to clap; *m* clapping
pantalón *m* or **pantalones** *mpl* pants
papa *m* pope
papel *m* paper; role; **hacer el —** to play the role
paquete *m* package
par *m* pair; **de — en —** wide-open; **un — de** a couple of
para for; in order to
parada stop
paraíso paradise; **Paraíso Terrenal** Earthly Paradise
paralelo parallel
paralizado paralyzed

parar(se) to stop; **venir a —** to end up
parecer (zc) to seem, appear; **al —** apparently; **¿no te parece?** don't you think?; **—se a** to look like, be like
parecido similar
pared *f* wall
pareja couple
parlamento parliament
parque *m* park
párrafo paragraph
parroquiano customer, patron
parte *f* part; **la mayor — de** most of; **por una —** on the one hand; **por otra —** on the other hand; **por todas —s** everywhere
participante *mf* participant
partida departure
partidario *adj* partisan; *n* partisan, follower
partido party
partir: a — de from, beginning at, on (a given point in time)
pasaje *m* passage, ticket; **— de ida y vuelta** round-trip ticket
pasajero passenger
pasar to pass; to pass by; to happen; to spend (time); **— de** to exceed; **— por alto** to overlook, ignore
pase *m* pass
pasear to walk, take a walk; to take for a ride
paseo walk, stroll; promenade; **dar un —** to take a walk
pasivo passive
pasmado stunned
paso step; pace
pastilla tablet, lozenge, pill
patata potato
patio yard, patio, courtyard

patria fatherland
pausa pause
pavimento pavement
paz *f* peace
pecado sin
pecador sinner
pedagogía pedagogy,
  education
pedir (i, i) to ask for, request;
  — **prestado (a)** to borrow
  (from)
pedregoso stony, rocky
película film, movie
peligroso dangerous
pelirrojo *n* redhead
pelo hair
pellizcar to pinch
peluquería barber shop
pena pain; **valer la —** to be
  worthwhile
penetrar (en) to enter; to
  penetrate
pensar (ie) to think; — + *inf*
  to intend to; — **de** to think
  about; — **en** to think of
pensión *f* pension, boarding
  house
peor worse
perder (ie) to loose; to miss
  (e.g., a train)
perdón *m* forgiveness
perdonar to forgive
peregrinación *f* pilgrimage
peregrino pilgrim
perfil *m* profile; outline
perforación *f* perforation
periódico newspaper
periodismo journalism
periodista *mf* journalist
período period
permanecer (zc) to remain
permiso permission
permitir to permit, allow

perpetuar to perpetuate
perplejo perplexed
perro dog; — **caliente** hot dog
perseguir (i, i) to persecute
persignarse to cross oneself,
  make the sign of the cross
persona: — extraña stranger
personaje *m* personage,
  character
pertenecer (zc) to belong
pesa (weight) scale
pesadilla nightmare
pesado heavy; **comida pesada**
  food which is difficult to
  digest
pésame *m* condolence; **mi más**
  sentido — my deepest
  sympathy
pesar to weigh; **a — de** in
  spite of
pesca fishing
pescado fish
pescador *m* fisherman
peseta Spanish monetary unit
pesimista *adj* pessimistic; *mf*
  pessimist
peso weight
pestañas *fpl* eyelashes;
  quemarse las — to burn the
  midnight oil
pez *m* fish
picante spicy
picaresca: novela —
  picaresque novel
pico: (tres mil) y — more than
  (three thousand)
pie *m* foot; **a —** on foot
piedra stone
piel *f* skin
pila: nombre de — first name
pinacoteca picture gallery
pincel *m* brush
pintar to paint; to present

pintor painter
pintoresco picturesque
pintura painting
pionero, -a *Angl* pioneer
piropear to make a flirtatious remark
piropo flirtatious remark
pisapapel *m* paperweight
pisar to step on
piso floor, story; — **bajo** ground floor
Pizarro: Francisco — (1475?– 1541) Spanish conqueror of Peru
placentero pleasurable, pleasant
placer *m* pleasure
plan de estudios *m* curriculum
planta plant
plantación *f* plantation
plata silver
platanero plantain tree
plato plate; dish; course (in a meal)
playa beach
plaza plaza, square; job, position
población *f* population
pobre poor; unfortunate; **los pobres** the poor ones; the poor people
pobreza poverty
poco little; *adv* little; **—s** few; **— a —** little by little; **— después** shortly afterwards; **— después de** shortly after
poder (ue) to be able; can; *m* power; **— adquisitivo** buying power
poderoso powerful
poesía poetry
poetisa poetess (female poet)

policía *m* police officer; *f* police (force)
política politics; policy
político political
politizado politicized, active in politics
pollo chicken
poner to put; to place; **—se** to become; **—se de moda** to become fashionable; **—se en contacto** to get in touch
por for; by; through; per; **— allí** around there; **— aquí** around here; **— ciento** percent; **— cierto** by the way; **— eso** for that reason; that's why; **— qué** why; **— supuesto** of course; **— todo (el mundo)** all over (the world)
porcentaje *m* percentage
portal *m* arcade; porch
portátil portable
porte *m* demeanor
portero doorman
poseer to possess, have; to own
posteridad *f* posterity
postre *m* dessert; **de —** for dessert
potable: agua — drinking water
práctica practice
practicar (qu) to practice
pradillo small meadow
prado meadow
precario precarious, shaky
precaución *f* precaution
preceder to precede
preciado valued; valuable
precio price
precipitadamente precipitously, hurriedly
precisamente precisely; as a matter of fact

predecir (i) to predict, foretell
predicción *f* prediction
preferir (ie, i) to prefer
pregunta: hacer una — to ask a question
preguntar to ask; **— por** to ask about; **—se** to wonder
prejuicio prejudice, bias
preliminar preliminary
premio prize, award
prensa press
preocupación *f* preoccupation, concern
preocupar(se) to worry; **—se de** to worry about
preparar to prepare; **—se a** or **para** to prepare oneself, get ready to
prescindir to do without, dispense with
presencia presence
presenciar to witness
presentación *f* presentation; introduction
presentar to present; to introduce
presentir (ie, i) to have a presentiment of, to have a hunch
presidiario convict
presidir to preside, preside over
presión *f* pressure
prestado: pedir — (a) to borrow (from)
prestar atención to pay attention
presupuesto budget
principal principal, main
principio principle; **al —** at first; **a —s de** around the beginning of (e.g., this century)

prioridad *f* priority
prisa haste; **tener —** to be in a hurry
prisión *f* prison
privacidad *f* privacy
privado private
probar (ue) to try; to taste, sample
proclamar to proclaim
producir (zc) to produce; to cause
productor producer
profanación *f* profanation
profundo profound, deep
prohibir to prohibit, forbid
prolongado lengthy
promedio average
prometer to promise
promoción *f* promotion; advancement
promover (ue) to promote
pronto soon; **de —** suddenly; **tan — (como)** as soon as
pronunciar to pronounce
propiedad *f* property
propietario owner
propina tip
propio (one's) own; himself, herself, etc.
proponer to propose; **—se** to intend; to make it a point to
proporcionar to provide
proposición *f* proposition
propósito purpose; **a —** by the way
propuesto *pp of* **proponer;** *adj* proposed
prosaico prosaic
protagonista *mf* protagonist, main character
proteger (j) to protect
proteína protein
protestante *mf* Protestant

prototipo prototype
proveer to provide
provinciano provincial
provisiones *fpl* provisions,
   supplies of food
provocar (qu) to provoke; to
   cause
próximo next
proyecto project
prudente prudent
prueba proof
psicología psychology
psicólogo psychologist
psiquiatra *mf* psychiatrist
publicación *f* publication
publicar (qu) to publish
pueblecito small town, village
pueblo town, village; people,
   nation; **gente del —** common
   people
puente *m* bridge
puerco pork; pig
puerta door
puerto port
pues because; as; since; well!,
   why!
puesto *pp of* **poner** put,
   placed; *m* post, position;
   booth, stand
pulmón *m* lung
pulpo octopus
punto point; **hasta cierto —** to
   a certain extent; **hasta qué —**
   to what extent; **— de vista**
   point of view
pupila pupil of the eye

Q

que that, which; who, whom;
   el — he who, the one that; **lo**
   — what; that which
¿qué?: ¿para —? what for?

quedar to remain, be left; to
   have left; **—se** to stay, to be;
   —se con to keep, to take
queja complaint, lament
quejarse to complain
quemar to burn; **—se las**
   pestañas to burn the
   midnight oil
querer (ie) to want; to love;
   — decir to mean
queso cheese
quien who, whom; he who,
   she who
¿quién?: ¿de —? whose?
química chemistry
químico chemical
quitarse to take off (e.g., an
   article of clothing)
quizás perhaps, maybe

R

Rafael Raphael (Raffaello
   Sanzio), 1483–1520, Italian
   painter
ráfaga gust of wind; **—s de**
   perfumes fragrant gusts of
   wind
raíz *f (pl* **raíces)** root
raro rare, unusual
rascacielos *m* skyscraper
rascar (qu) to scratch
rasgo feature; characteristic,
   trait
ratificar (qu) to ratify
rato short while
ratón *m* mouse; **— de**
   biblioteca bookworm
raza race
razón *f* reason; **tener —** to be
   right
razonable reasonable
reaccionar to react

real real; royal

realista *adj* realistic; *mf* realist

realizar (c) to carry out; to fulfill

rebatir to refute; to retort

rebosar (de) to overflow (with); to be crowded

receptivo receptive

receta recipe; prescription

recetar to prescribe

reciente recent

reclinable reclining (seat)

recoger (j) to pick up

recomendar (ie) to recommend

reconocer (zc) to recognize

reconocible recognizable

reconocido recognized; reputable

reconquista reconquest

recordar (ue) to remember; to remind

recorrer to cross, traverse, travel through

recuerdo memory

recuperarse to recuperate, to recover

recurso resource

rechazar (c) to reject

redactar to write up; to edit

redactor writer; editor

reemplazar (c) to replace

referir(se) (ie, i) (a) to refer (to)

refinado refined, sophisticated

refinamiento refinement

refinería refinery

reflejar to reflect

reforma reform; reformation

reforzar (ue) (c) to reinforce

refresco refreshment, soft drink

refugio refuge, shelter

regado watered

regalar to give (as a gift)

regalo gift, present

regenerado regenerated

régimen *m* (*pl* **regímenes**) regime; diet

registrar to register; to record; **—se** to search (e.g., one's pockets)

regla rule; **por — general** as a rule

reglamento regulation

regresar to return

regreso return; **de — a** back to

reina queen

reinar to reign; to prevail

reino kingdom

reír(se) (ie) to laugh; **echarse a reír** to burst into laughter; **— de** to laugh at

relación *f* relation; relationship

relacionar to relate

relato story

releer to reread

religioso religious

reliquia relic

reloj *m* clock; watch

relucir: salir a — to come up (e.g., a topic)

remanente remanent; remnant; *m* remnant

remedio remedy; **no hay (más) —** it can't be helped

remontarse to go back (e.g., in time)

renacentista (pertaining to the) Renaissance

Renacimiento Renaissance

rendirse (i, i) to surrender

renunciar to resign; to renounce

reojo: mirar de — to look out of the corner of the eye

reparar to repair

repartir to distribute; to divide
repetir (i, i) to repeat
replicar (qu) to reply
reponer to replace
reportaje *m* news report
reposadamente calmly, in a
relaxed way
represalia reprisal
representante *mf*
representative
representativo *adj*
representative
represivo repressive
reprimir to repress
república republic
requisito requisite;
requirement
rescate *m* rescue; ransom
residencia residence, place of
residence; dormitory
residir to reside, live
resistir to resist
resolver (ue) to solve
respectivo respective
respeto respect
respetuoso respectful
respirar to breathe
responder to answer
responsable responsible
respuesta answer
restar to take away; to subtract
restaurar to restore
resto rest, remaining part; —s
mortal remains
resultado result
resultar to result; — **ser** to
turn out to be
resumen *m* summary
retar to challenge
retirarse to retire; to withdraw,
retreat
retiro retirement; **lugar de —**
retreat
retocar (qu) to touch up

retornar to return
retraído shy
retrato portrait
retroceder to go back
reunión *f* reunion, meeting
reunir to gather, bring
together; —**se** to gather,
meet, assemble
revelar to reveal; to develop
(film)
reventar (ie) to burst
reverso back (e.g., of a card,
document)
revisar to check; to revise,
review
revisor conductor, ticket
collector
revista magazine
revolucionario *n; adj*
revolutionary
rey *m* king; —**es** kings; king
and queen
reyezuelo kinglet
rico rich, wealthy
ridiculizar (c) to ridicule
riesgo risk
rima *f* rhyme
rincón *m* (inside) corner
riñón *m* kidney
río *m* river
risa laughter
ritmo rhythm
rito rite, ceremony
rivalidad *f* rivalry
robo robbery, theft
robusto robust
rocío dew
rodar (ue) to roll
rodeado (de, por) surrounded
(by)
rodear to surround
rojizo reddish
rollo de película roll of film
Roma Rome

románico Romanesque (art style)
romano, -a Roman
ropa clothing, clothes
rosa rose
rostro face
rubor *m* blush
ruborizarse (c) to blush
rudimentario rudimentary
ruido noise
ruidosamente noisily
ruina ruin
rumbo a bound for
ruso, -a Russian
ruta route
rutina routine
rutinario *adj* routine, routine-ridden

S

saber to know; to know how, be able
sacar (qu) to take out; — **conclusiones** to reach some conclusions; — **(buenas, malas) notas** to get (good, bad) grades; — **una fotografía** to take a photograph
sala living room; hall; — **de lectura** reading room
salir (de) to go out, leave
salón *m* hall; — **de lectura** reading room
saludable healthy
salvar to save
sandez *f (pl* **sandeces)** foolish remark
sangre *f* blood
sangría Spanish wine drink
Santiago Saint James
santo *adj* holy; *n* saint
satánico satanic

satélite *m* satellite
sátira satire
satisfacer to satisfy, please
satisfecho *pp of* **satisfacer;** *adj* satisfied
Saudita: Arabia — Saudi Arabia
sazón *f* seasoning, taste
sazonado seasoned (food)
seco dry
secretaría department of the government
secta sect
secuestro kidnapping
secundaria: escuela — secondary school
sed *f* thirst
sedentario sedentary
seducir (zc) to seduce
seguida: en — at once, immediately
seguir (i, i) to follow; — **un curso** to take a course
según according to
seguridad *f* security; **medidas de —** security measures
seguro sure
seleccionar to select, choose
semejanza similarity
semestre *m* semester
seminario seminar
senador senator
sencillo simple
sensato sensible
sensibilidad *f* sensibility; sensitivity
sensualidad *f* sensuality
sentarse (ie) to sit, sit down
sentido *adj* deep-felt; *m* sense; — **común** common sense
sentimiento sentiment, feeling
sentir (ie, i) to feel; to regret; —**se** to feel

señalar to point out

señas *fpl* description; call number (of a book)

señor *m* Mr.; sir; gentleman; lord

señora Mrs.; woman; lady

separatista *mf* separatist

ser to be; *m* being; **a no — que** unless

sereno night watchman

serio serious; **tomar en —** to take seriously

servir (i, i) to serve

sevillano Sevillian (from Seville)

si if; whether

sí yes; himself, herself, etc.

sibarita *mf* Sybarite (pleasure-loving person)

siempre always

siglo century

significación *f* meaning

significado meaning

significar (qu) to mean

significativo significant, important

signo sign

siguiente following; next; **al (día) —** the following (day)

silencioso silent, quiet

silla chair

simbolizar to symbolize

símbolo symbol

simpatía sympathy

simpático likable

sin without; **— embargo** however, nevertheless

sino: no . . . — not . . . but

sinónimo *adj* synonymous; *m* synonym

síntesis *f* synthesis

sinuoso winding (street, road)

siquiera: ni — not even

sirviente, -a servant; *f* maid

situado located

situar to locate, place

sobre about; over; on; on top of; above; **— todo** above all, especially

sobrevivir to survive

sobrino, -a *m* nephew; *f* niece

sociedad *f* society

sol *m* sun

solamente only

solas: a — alone, by oneself, on one's own

soldado soldier

soleado sunny

soler (ue) + *inf* to be accustomed to; it usually, he usually, etc.

solicitar to apply for

solitario solitary, lonely

solo alone; **un — (partido)** just one (party)

sólo only

soltar (ue) to release

sombra shade

sombreado shaded

sombrero tricorne three-cornered hat

sombrilla umbrella

someter to submit

sonido sound

sonreír(se) (i) to smile

sonrisa smile

sonrojarse to blush

soñador *adj* dreamy *n* dreamer

soñar (ue) to dream

sopa soup

soportar to endure; to put up with

sorna (mischievous) irony

sorprendente surprising

sorprender to surprise; **—se** to be surprised
sorpresa surprise
sospecha suspicion
sospechar to suspect
sostenerse (ie) to sustain, support oneself
Soviética: Unión — Soviet Union
suave soft; mild
subasta auction
súbdito subject, citizen
subestimar to underestimate
subir to go up; to climb; to take up (e.g., luggage); **— a** to get on (a vehicle)
subrayado underlined
suceder to happen
sucesor successor, heir
sudor *m* sweat
Suecia Sweden
sueco, -a *adj* Swedish; *n* Swede
sueldo salary
suelo soil; ground
sueño dream
suerte *f* luck; **por —** luckily; **probar —** to try one's luck; **tener —** to be lucky
suficiente: lo — enough
sufrimiento suffering
sufrir to suffer
sugerir (ie, i) to suggest
Suiza Switzerland
suma sum; addition
sumergir to submerge
superficie *f* surface
supermercado supermarket
suponer to suppose, to assume; **—se** to be assumed
supremacía supremacy
supuesto: por — of course
surgir (j) to emerge, appear

suroeste *m* southwest
surrealismo surrealism
surrealista *adj* surrealistic; *mf* surrealist
suspirar to sigh
suspiro sigh
sustituir (y) to substitute

T

tableta tablet
taco (Mexico) folded corn-meal cake with meat filling
tacto tact
tajada slice
tal such; **— vez** perhaps
talco talcum powder
talón de Aquiles *m* Achilles' heel
taller de artesanías *m* arts and crafts workshop
tamal *m* (Mexico) tamale
tamaño size
también also, too
tampoco neither; not . . . either
tan so; **— . . . como** as . . . as
tanto so much; as much; **estar al — de** to be aware of; **por lo —** therefore; **— como** as much as; **— . . . como** both . . . and; **—s** as many, so many; **un —** somewhat, a little
taquilla ticket window
tardar en to take . . . to (e.g., **tardó una hora** it took an hour)
tarde late; *f* afternoon; **más —** later; **por la —** in the afternoon
tarea task; assignment
tarifa tariff, rate
tarjeta card; **— de visita** business card, visiting card

taurino (pertaining to) bullfighting
teatro theater; **obra de —** play
técnica technique
techo roof; ceiling
teja roof tile
tela fabric; **poner en — de juicio** to question
televidente *mf* television viewer
tema *m* topic, subject, theme
temblar (ie) to shake, tremble
temer to fear
temor *m* fear
templado: clima — *m* temperate climate
temporada season; **— taurina** bullfight season
temporalmente temporarily
temprano early; **bien —** very early
tender (ie) to tend; **— a** to tend to **—se** to lie down
tendero shopkeeper
tener (ie) to have; **— a menos** to think little of, look down on; **— (diez) años** to be (ten) years old; **— éxito** to succeed; **— que** to have to; **— razón** to be right
tenso tense
tentador tempting
teoría theory
teóricamente in theory, theoretically
terminar to finish; **— de** + *inf* to finish
término term
terraza terrace
tesis *f* thesis
testarudo stubborn
tienda store; **— de víveres** grocery store

tierno tender
tierra land; ground; earth; **la Tierra** Earth
timidez *f* shyness
tímido shy
tinta ink
tinto red (wine)
tío, -a *m* uncle; *coll* guy, fellow; *f* aunt
típicamente typically
típico typical
tipo type
tirar: ir tirando to get along, manage
titulado titled, entitled
título title; degree
Tiziano Tiziano Vecello, 1477–1576, Italian painter
tocar (qu) to touch; to play (a musical instrument); **tocarle (a uno)** to be (one's) turn (e.g., **les tocó reir** it was their turn to laugh)
todavía still; yet; **— no** not yet
todo all, whole, every; everything; **por todas partes** everywhere; **sobre —** above all, especially; **— el mundo** everyone; **—s** all, every; everyone
tomar to take; to drink; to eat
tomate *m* tomato
tono tone
tormenta storm
toro bull
torre *f* tower
Torremolinos summer resort in southern Spain
tortilla (Mexico) corn-meal cake
trabajar to work; **— de** to work as

trabajo work; **costar —** to be difficult

traducción *f* translation

traducir (zc) to translate

traer to bring

tragedia tragedy

trago drink, swallow

traje *m* suit; clothing; **— de baño** bathing suit

trámite *m* legally required step or procedure

trampa trap

tranquilidad *f* tranquillity, ease of mind

tranquilizar (c) to tranquilize, to put someone at ease

tranquilo quiet, calm, peaceful

transformarse (en) to transform, be transformed, turn into; to become

transitar to move; to travel, go from place to place

tránsito traffic

transporte *m* transportation; **medio de —** means of transportation

tras after

trasero buttock; rear end

trasladar to move, transfer; **—se** to travel, move

tratar to try; to treat; **— de** to try to; **—se de** to deal with, to be a matter of

través; a — de through

tren *m* train

triste sad

tristeza sadness

triunfar to triumph, be successful

triunfo triumph, success, victory

trono throne

trozo piece

tulipán *m* tulip

tumba tomb, grave

túnica tunic

turco, -a *adj* Turkish *n* Turk

turismo tourist business

turístico *adj* tourist, pertaining to the tourist business

turno turn

U

último last, latest; **por —** finally

único only; unique

unidad *f* unity; unit

unificar (qu) to unify

uniformado dressed in uniform

unir(se) to unite, join, come together; **—se a** to join (e.g., a group)

universitario (pertaining to the) university; **estudiante —** university student

uno one; **— a otro** each other; **—s** some, about

uso use

útil useful

utilidad *f* usefulness

utilizar (c) to use, utilize

uva grape

V

vaca cow

vacaciones *fpl* vacation

vacante vacant

vacilar to hesitate

vacío empty

vagar to wander

vago vague

vagón *m* railroad car

valer to be worth; **— la pena** to be worth while

válido valid

valioso valuable
valor *m* value; worth; courage
valle *m* valley
van der Weyden: Rogier —
(1400–1464) Flemish painter
variar to vary
variedad *f* variety
varios several
varón *m* male
vasco, -a Basque
vasquence *m* Basque language
vaso glass
vasto vast
vecino neighboring, nearby; *n*
neighbor
vehículo vehicle
velocidad *f* speed
vena vein; mood
vencer (**z**) to conquer, defeat;
to overcome
vender to sell
Venecia Venice (Italy)
venezolano, -a Venezuelan
venganza vengeance, revenge
ventaja advantage
ventanilla window (of a
vehicle; of a bank, etc.); ticket
window
ventilado ventilated
verdad *f* truth; **a la —** in truth;
ser — to be true
verdadero true; truthful; real
verso verse; line of poetry
vestido *n* dress; clothing; *pp*
of **vestir** dressed; **— de**
dressed in, dressed as
vestir (**i, i**) to dress; to wear;
—se to get dressed
veterano veteran
vez *f* (*pl* **veces**) time; occasion;
a veces sometimes; **de — en
cuando** once in a while; **en
— de** instead of; **la próxima
—** next time; **otra —** again;

tal — perhaps; **una que otra
—** once in a while;
occasionally
viaje *m* trip; **estar de —** to be
on a trip; **hacer un —** to take
a trip
viajero traveler
viejo, -a *adj* old; *m* old man;
f old woman
Viena Vienna (Austria)
viento wind
vikingo, -a Viking
vino wine
violar to violate
virgen *f* virgin
virtud *f* virtue
virtuoso virtuous
visigodo, -a *adj* Visigothic; *n*
Visigoth
visita visit; **hacer una —** to
pay a visit
visitante *mf* visitor
vista view
visto *pp of* **ver** seen
vitalidad *f* vitality
víveres *mpl* groceries; **tienda
de —** grocery store
vívido vivid
vivienda housing
volar (**ue**) to fly
voluntario *n* volunteer
volver (**ue**) to return; **— a** + *inf
verb* + again (e.g. **volver a
comer** to eat again); **—se** to
turn
voto vote
voz *f* voice; **en — alta** out
loud; **en — baja** in a low
tone
vuelo flight; **— de grupo**
group flight
vuelta turn; **de ida y —** round-
trip; **estar de —** to be back
vuelto *pp of* **volver** returned

Y

ya already; now; **— no** no longer; **— que** since, inasmuch as

yeso plaster

Z

zapato shoe
zarpar to set sail
zona zone, area